Die Kommunal-Verwaltung Nr. 6.

Die Landgemeinde-Ordnung der Provinz Westphalen vom 19. März 1856

mit den
aus späteren Gesetzen, insbesondere der Kreisordnung
vom 31. Juli 1886
und dem Zuständigkeitsgesetze vom 1. August 1883
sich ergebenden Aenderungen und Zusätzen

Zusammengestellt
von
H. Steffenhagen.

Berlin.
J. J. Heines Verlag.
1887.

Die

Landgemeinde-Ordnung

der

Provinz Westphalen

vom 19. März 1856

mit den

aus späteren Gesetzen, insbesondere der Kreisordnung
vom 31. Juli 1886
und dem Zuständigkeitsgesetze vom 1. August 1883
sich ergebenden Aenderungen und Zusätzen

Zusammengestellt
von

H. Steffenhagen.

Berlin.
J. J. Heines Verlag.
1887.

Vorwort.

Der Inhalt der Landgemeinde-Ordnung der Provinz Westphalen vom 19. März 1856 ist durch eine Reihe von Reichs- und Landesgesetzen, namentlich durch die in der Provinz Westphalen am 1. April cr. in Kraft getretene Kreisordnung vom 31. Juli 1886 und das am 1. Juli cr. ebendort zur Geltung gelangte Gesetz über die Zuständigkeit der Verwaltungs- und Verwaltungsgerichtsbehörden vom 1. August 1883 wesentlich modificirt. Es sind 46 Paragraphen der Landgemeinde-Ordnung dadurch theils aufgehoben, theils in wesentlichen Bestimmungen abgeändert. Es entspricht aus diesem Grunde einem praktischen Bedürfnisse, eine Textausgabe mit den überall zerstreuten Abänderungen und Zusätzen herzustellen. Einem solchen Bedürfnisse ist durch die vorliegende Ausgabe Rechnung getragen. Der durch spätere Gesetze aufgehobene Inhalt des Originaltextes der Landgemeinde-Ordnung ist durch Klammer [] und durch den innerhalb derselben befindlichen kleineren Druck markirt, während die Aenderungen und Zusätze gesperrt gedruckt sind, und den gesperrten Worten in jedem einzelnen Falle zum Zwecke der Controle und des Nachschlagens der betreffende Paragraph der abändernden Reichs- und Landesgesetze beigefügt ist. Das obenberegte Zuständigkeitsgesetz ist im Texte durch die Worte: „Zust.-G." abgekürzt.

Der Verfasser.

Inhalts-Verzeichniß.

Seite

Seite

Die

Landgemeinde-Ordnung

der Provinz Westphalen

vom 19. März 1856.

---

§ 1.

Die gegenwärtige Landgemeinde-Ordnung soll in der Provinz Westphalen überall zur Anwendung kommen, wo die Städte-Ordnung für diese Provinz vom heutigen Tage nach deren Bestimmung im § 1 keine Anwendung findet; doch treten bei Anwendung der Landgemeinde-Ordnung in Städten, wo die Städte-Ordnung nicht eingeführt wird, die im § 66 vorgeschriebenen Modifikationen ein. Städten, in welchen nach vorstehender Bestimmung die Landgemeinde-Ordnung Anwendung findet, kann statt derselben die Städte-Ordnung, wenn die Gemeinde- (Stadt-) Verordneten-Versammlung (§ 66 Nr. 2) durch einen, nach zweimaliger, mit einem Zwischenraum von mindestens acht Tagen, vorgenommener Berathung gefaßten Beschluß darauf anträgt, nach Vernehmung der Vertretung des betheiligten Amtes (§ 75) und des Kreistages durch Königliche Verordnung verliehen worden. Ebenso kann einer zu den Landgemeinden gehörenden Ortschaft, in der sich ein städtisches Leben ausgebildet hat [nachdem dieselbe auf dem durch die Provinzialverfassung bezeichneten Wege in den Stand der Städte aufgenommen worden ist], durch Königliche Verordnung die Städte-Ordnung verliehen werden. Die Verleihung der Städte-Ordnung an eine Landgemeinde bewirkt deren Umwandlung in eine Stadtgemeinde, ohne daß es einer besonderen Aufnahme in den Stand der Städte bedarf. (Kreisordnung vom 31. Juli 1886 § 21, Abs. 2.)

§ 2.

Jede Gemeinde bildet eine Corporation unter einem Gemeindevorsteher und hat ihre eigene Verwaltung und Vertretung. Zur Gemeinde gehören alle Einwohner des Gemeindebezirks, mit Ausnahme der, nicht mit Grundeigenthum nach näherer Bestimmung des § 15, II, Nr. 3, Litt. a angesessenen, servisberechtigten Militärpersonen des aktiven Dienststandes, und zum Gemeindebezirk alle Grundstücke, welche demselben bisher angehört haben, sofern nicht hinsichtlich derselben die Bestimmung des § 3 Platz greift.

Als Einwohner werden diejenigen betrachtet, welche in dem Gemeindebezirke nach den Bestimmungen der Gesetze ihren Wohnsitz haben.

Alle Einwohner des Gemeindebezirks sind zur Mitbenutzung der öffentlichen Gemeinde-Anstalten berechtigt und zur Theilnahme an den Gemeindelasten nach den Vorschriften dieses Gesetzes verpflichtet.

Die Bestimmungen besonderer Stiftungen, welche mit dergleichen Gemeinde-Anstalten verbunden sind, so wie die hinsichtlich solcher Anstalten auf besonderen Titeln beruhenden Privatrechte werden hierdurch nicht berührt.

§ 3.

[Diejenigen landtagsfähigen Rittergüter, welche vor dem Erlaß der Landgemeinde-Ordnung für die Provinz Westphalen vom 31. Oktober 1841 bereits in die Rittergutsmatrikel eingetragen waren.] Die Güter können, wenn sie den Zwecken einer Gemeinde für sich allein zu genügen geeignet sind, auf den Antrag der Besitzer oder der Gemeinde, mit welcher das Gut bisher vereinigt gewesen ist, selbstständige, den Gemeinden gleich zu achtende Güter — Gutsbezirke — bilden. Das frühere Vorrecht der Rittergüter (Rittergutsbesitzer) zur Bildung von Gutsbezirken wird aufgehoben. Die vorhandenen selbstständigen Gutsbezirke bleiben bestehen. Die Bildung selbstständiger Gutsbezirke erfolgt nach Maßgabe dieses §, ohne daß die Rittergutseigenschaft ferner in Betracht kommt. (Kreisordnung vom 31. Juli 1886 § 23.)

Die Abtrennung eines [solchen] Guts von dem Gemeindebezirk kann nach vorheriger Anhörung des Kreistages mit Genehmigung des Ministers des Innern im Einvernehmen mit dem Bezirksausschusse vorgenommen werden, wenn die Vertretungen der betheiligten Gemeinden und der betheiligte Gutsbesitzer darin einwilligen; in Ermangelung einer solchen Einwilligung wird darüber nach Anhörung des Kreistages vom Könige entschieden. (Kreisordnung § 22). [Verliert ein Rittergut die zu einem solchen erforderlichen Eigenschaften, so kann dasselbe, sobald es nach den gesetzlichen Vorschriften in der Rittergutsmatrikel gelöscht worden ist, mit einer benachbarten Gemeinde oder einem benachbarten selbstständigen Gutsbezirke unter Zustimmung beziehungsweise der Vertretung der Gemeinde oder des Besitzers des Guts vereinigt werden.]

[Bei der Erörterung und Entscheidung darüber, in welcher Art dergleichen Vereinigungen statt zu finden haben, wird nach den Vorschriften im ersten Satze des § 6 und im § 8 verfahren.]

[Anstalten, welche zur Befriedigung eines gemeinsamen Bedürfnisses des Ritterguts und der Gemeinde dienen, sollen nach deren Trennung gemeinschaftlich bleiben, wenn auch nur der eine Theil darauf anträgt und die Gemeinschaft ohne Nachtheil für den andern Theil fortbestehen kann.]

§ 4.

Mehrere Gemeinden, nebst den, den Gemeinden gleichgestellten Gütern (§ 3) bilden einen Verwaltungsbezirk (Amt), welchem ein Amtmann vorsteht; doch kann das Amt auch aus Einer Gemeinde bestehen. Wo und insofern künftig die Amtseinrichtung entbehrlich befunden werden möchte, kann deren Aufhebung auf dem im § 12 wegen des Erlasses statutarischer Anordnungen für die Provinz oder einzelne Landestheile vorgeschriebenen Wege erfolgen.

§ 5.

Das Amt kann zugleich in Ansehung solcher Angelegenheiten, welche für alle zu demselben gehörige Gemeinden ein gemeinschaftliches Interesse haben, einen Kommunalverband mit den Rechten einer Gemeinde bilden. Welche Angelegenheiten Gegenstände des Amts-Kommunalverbandes sein sollen, darüber hat, sofern sie nicht durch gesetzliche Vorschrift besonders bestimmt sind, die Amtsversammlung — § 75 —

unter Genehmigung [des Landraths] des Kreisausschusses (Zust.-G. § 31) zu beschließen; doch ist, wenn eine Angelegenheit bisher nicht zu diesen Gegenständen gehört hat, die Zustimmung der Gemeinden und der Besitzer der den Gemeinden gleichgestellten Güter erforderlich.

Auch für einzelne bestimmte Angelegenheiten, bei welchen mehr als eine, aber nicht alle Enzelngemeinden eines Amtes ein geimeinschaftliches Interesse haben, kann mit Zustimmung der betheiligten Gemeinden und Besitzer der den Gemeinden gleichgestellten Güter ein besonderer Verband gebildet werden. Diese Angelegenheiten gehören alsdann zum Geschäftskreise des Amtmanns und der Amtsversammlung; jedoch haben die Vertreter der nicht betheiligten Gemeinden darüber nicht mitzubeschließen.

§ 6.

Grundstücke, welche bisher noch keinem Gemeinde- oder selbstständigen Gutsbezirke angehört haben, müssen [nach Vernehmung der Betheiligten und nach Anhörung des Kreistages durch den Oberpräsidenten] durch den Minister des Innern im Einvernehmen mit dem Bezirksausschusse nach vorheriger Anhörung der Betheiligten und des Kreistages mit einem Gemeinde- oder Gutsbezirke vereinigt werden. (Kreisordnung § 22.)

Eine Vereinigung eines ländlichen Gemeinde- oder eines selbstständigen Gutsbezirks mit einem andern kann nur unter Zustimmung der Vertretungen der betheiligten Gemeinden sowie des betheiligten Gutsbesitzers nach Anhörung des Kreistages mit Genehmigung des Königs erfolgen.

Die Abtrennung einzelner Grundstücke von einem Gemeinde- oder selbstständigen Gutsbezirk und deren Vereinigung mit einem angrenzenden anderen, kann [**nach Anhörung des Kreistages mit Genehmigung des Oberpräsidenten**] durch den Minister des Innern im Einvernehmen mit dem Bezirksausschusse nach vorheriger Anhörung der Betheiligten und des Kreistages vorgenommen werden, [**wenn außer den Vertretern der betheiligten Gemeinden und der betheiligten Gutsbesitzer auch die Eigenthümer jener Grundstücke darin einwilligen**]. (Kreisordnung § 22.) In Ermangelung der Einwilligung aller Betheiligten kann eine Veränderung dieser Art in den Gemeinde- und Gutsbezirken nur in dem Falle, wenn dieselbe im öffentlichen Interesse als nothwendiges Bedürfniß sich ergiebt, und alsdann nur mit Genehmigung des Königs, nach Vernehmung der Betheiligten und nach Anhörung des Kreistages, stattfinden.

Zur Bildung eines selbstständigen Gemeindebezirks aus solchen Trennstücken ist in allen

Fällen die Genehmigung des Königs, nach vorgängiger Vernehmung der Betheiligten und des Kreistages, einzuholen.

[Hat ein Rittergut die zu einem solchen erforderlichen Eigenschaften — § 3 — verloren, so kann es, wenn sich ein selbstständiges Gut desselben Eigenthümers in der Nähe befindet, auch wider den Willen des letzteren mit diesem Gute zu einem Verbande vereinigt werden.] (Kreisordnung § 23.)

§ 7.

Die Veränderung oder Auflösung eines Amtsbezirks, beziehungsweise Bildung eines Amtes aus einer Gemeinde oder mehreren Gemeinden und den Gemeinden gleichgestellten Gütern kann [wenn die Vertretungen der betheiligten Gemeinden und Aemter und die Besitzer der betheiligten selbstständigen, den Gemeinden gleichgestellten Güter darin einwilligen, unter Bestätigung des Oberpräsidenten] durch den Minister des Innern im Einvernehmen mit dem Bezirksausschusse nach vorheriger Anhörung der Betheiligten und des Kreistages, in Ermangelung der Einwilligung aber nur nach Vernehmung des Provinzial-Landtages mit Genehmigung des Königs vorgenommen werden. (Kreisordnug § 22.)

§ 8.

Von den Beschlüssen des Kreistages in den Fällen der §§ 3 und 6 ist den Betheiligten vor Einholung der Königlichen Genehmigung Mittheilung zu machen.

§ 9.

[Wo und insoweit in Folge von Veränderungen in Gemeinde-, Guts- oder Amtsbezirken — §§ 3, 6 und 7 — eine Auseinandersetzung als nöthig sich ergiebt, ist solche im Verwaltungswege zu bewirken.] Ueber die in Folge einer Veränderung der Grenzen der Landgemeinden und Gutsbezirke, sowie der Aemter nothwendig werdende Auseinandersetzung zwischen den Betheiligten beschließt der Kreisausschuß, vorbehaltlich der den letzteren gegen einander zustehenden Klage im Verwaltungsstreitverfahren. (Zust.-G. § 25, Abs. 4.) [Wird hierbei eine Uebereinkunft unter den Betheiligten vermittelt, so genügt die Genehmigung der Regierung, im Falle des Widerspruchs entscheidet der Oberpräsident.]

Streitigkeiten über die bestehenden Grenzen der ländlichen Gemeinde- und Gutsbezirke, sowie über die Eigenschaft einer Ortschaft als Gemeinde oder eines Guts als Gutsbezirks unterliegen der Entscheidung im Verwaltungsstreitverfahren. Ueber solche Angelegenheiten beschließt vorläufig, sofern es das öffentliche Interesse erheischt, der Kreisausschuß. Bei dem Beschluß behält es bis zur rechtskräftigen Entscheidung im Verwaltungsstreitverfahren sein Bewenden. (Zust.=G. § 26.)

Privatrechtliche Verhältnisse dürfen durch dergleichen Veränderungen niemals gestört werden.

§ 10.

Jede Bildung einer neuen Gemeinde, eines selbstständigen Gutsbezirks oder eines neuen Amtsbezirks, so wie jede Veränderung in den Gemeinde=, Guts= oder Amtsbezirken, ist durch das Amtsblatt bekannt zu machen.

§ 11.

Veränderungen in den Gemeinde= oder Gutsbezirken, welche bei Gelegenheit einer Gemeinheitstheilung vorkommen, unterliegen den Bestimmungen der §§ 6 und 9 nicht.

§ 12.

In Ergänzung der Gemeinde=Ordnung können wegen aller solcher auf das Gemeindewesen bezüglichen Angelegenheiten, in Hinsicht deren die gegenwärtige Gemeinde=Ordnung keine Be=

stimmungen enthält, nähere Festsetzungen aber für die ganze Provinz oder einzelne Landestheile sich als nöthig ergeben, durch Beschluß des Provinzial-Landtages, mit Genehmigung des Königs, statutarische Anordnungen getroffen werden. Dieselben dürfen jedoch den Bestimmungen der Gemeinde-Ordnung nicht widersprechen.

§ 13.

Jede Gemeinde und jedes Amt ist befugt, durch Beschluß der Gemeinde- oder Amtsversammlung mit Genehmigung [des Oberpräsidenten] des Kreisausschusses (Zust.-G. § 31, Absatz 1) statutarische Anordnungen zu treffen:

1) wegen derjenigen Gegenstände, in Hinsicht deren die gegenwärtige Gemeinde-Ordnung auf das Gemeinde- oder Amts-Statut verweiset — §§ 15, 24, 25, 26, 27, 28, 58 und 75 Nr. 3 – ; und
2) wegen eigenthümlicher Verhältnisse und Einrichtungen der Gemeinde oder des Amtes.

Diese statutarischen Anordnungen dürfen der gegenwärtigen Gemeinde-Ordnung und [des Provinzials-Statuts] der Provinzialordnung nicht widersprechen. (Provinzialordnung für die Provinz Westphalen vom 1. August 1886.)

Hinsichtlich der vorstehend unter 1 erwähnten Gegenstände hat bis dahin, daß darüber durch statutarische Anordnungen bestimmt sein wird, [der Oberpräsident], der Kreisausschuß (Zust.-G. § 31) nach Vernehmung der Gemeinde- oder Amtsversammlung die erforderlichen Festsetzungen zu treffen.

§ 14.

Mitglieder der Gemeinde sind:

1) alle nach § 2 zur Gemeinde gehörende selbstständige Einwohner, und
2) alle diejenigen, welche im Gemeindebezirk mit einem Wohnhause angesessen sind.

§ 15.

Zur Theilnahme an den öffentlichen Geschäften der Gemeinde — Gemeinderecht — sind nur diejenigen Mitglieder der Gemeinde berechtigt, welche

I. Preußische Unterthanen und selbstständig sind, und

II. seit einem Jahre
   1) keine Armenunterstützung aus öffentlichen Mitteln empfangen,
   2) die sie betreffenden Gemeindeabgaben gezahlt haben, und
   3) a) in dem Gemeindebezirke mit einem Wohnhause angesessen sind und von ihren

daselbst gelegenen Grundbesitzungen einen Hauptgrundsteuerbetrag von mindestens [zwei Thalern] sechs Mark entrichten; doch kann dieser Satz, wo besondere Ortsverhältnisse es nöthig machen, ausnahmsweise mit Genehmigung [des Oberpräsidenten] des Kreisausschusses (Zust.-G. § 31) festgesetzt werden, oder

b) ihren Wohnsitz im Gemeindebezirke haben und außerdem entweder zur Einkommensteuer oder mit einem Jahresbetrage von mindestens [vier Thalern] sechs Mark (Gesetz vom 25. Mai 1873) zur Klassensteuer veranlagt sind. [Wo eigenthümliche Verhältnisse solches besonders wünschenswerth machen, kann durch das Gemeindestatut an Stelle des vorgedachten Klassensteuerbetrages ein geringerer Betrag als Bedingung der Theilnahme am Gemeinderecht festgestellt werden; jedoch darf derselbe keinenfalls weniger als zwei Thaler betragen.]

Steuerzahlungen und Grundbesitz der Ehefrau werden dem Ehemanne, Steuerzahlungen und Grundbesitz der minderjährigen, beziehungsweise der unter väterlicher Gewalt befindlichen Kinder dem Vater angerechnet.

§ 16.

Wer in einer Gemeinde seit einem Jahre mehr als einer der drei höchstbesteuerten Einwohner, sowohl an direkten Staats- als an Gemeinde-Abgaben entrichtet, ist, auch ohne im Gemeindebezirk zu wohnen oder mit einem Wohnhause angesessen zu sein, zum Stimm- und Wahlrecht berechtigt, falls bei ihm die übrigen Erfordernisse dazu vorhanden sind. Eben dies gilt von juristischen Personen, wenn sie in einem solchen Maße in der Gemeinde besteuert sind.

§ 17.

Als selbstständig (§ 14 Nr. 1 und § 15 I) wird derjenige angesehen, welcher das vierundzwanzigste Lebensjahr vollendet und einen eigenen Hausstand hat, sofern ihm das Recht, über sein Vermögen zu verfügen und dasselbe zu verwalten, nicht durch richterliches Erkenntniß entzogen ist. Inwiefern für nicht selbstständige Personen und für Frauenspersonen, welche ein Wohnhaus besitzen, eine Stellvertretung stattfinden kann, ist im § 20 bestimmt.

§ 18.

Wer ein Wohnhaus in einer Gemeinde besitzt, dem kommt bei Berechnung der Dauer des einjährigen Wohnsitzes oder Ansässigkeit die Besitzzeit des Erblassers zu Gute. Die

Uebertragung unter den Lebenden an Verwandte in absteigender Linie steht der Vererbung gleich.

§ 19.

Verlegt ein stimmberechtigtes Gemeindemitglied seinen Wohnsitz in eine andere Gemeinde, so kann ihm das Gemeinderecht, wenn sonst die Erfordernisse zu dessen Erwerbung vorhanden sind, durch den Gemeindevorsteher im Einverständniß mit der Gemeindeversammlung schon vor Ablauf von einem Jahre verliehen werden. Ein Gleiches findet statt, wenn der Besitzer eines selbstständigen Gutes (§ 3) seinen Wohnsitz in eine Gemeinde verlegt.

§ 20.

Befindet sich ein Wohnhaus im Besitze einer Frauensperson, oder einer unter väterlicher Gewalt oder Vormundschaft stehenden Person, und würde dieselbe, ihren übrigen Verhältnissen nach, zur Theilnahme am Gemeinderecht befähigt sein, so ist die Ausübung dieses Rechts durch Stellvertreter dahin gestattet, daß eine Ehefrau durch ihren Ehemann, eine unverheirathete oder verwittwete Frauensperson durch einen stimmberechtigten Eingesessenen, eine unter väterlicher Gewalt stehende Person durch den Vater und eine unter Vormundschaft stehende Person durch den Vormund vertreten werden kann. Der

Ehemann, Vater und Vormund muß, um zu dieser Stellvertretung befugt zu sein, die im § 15 Nr. 1 vorgeschriebenen Eigenschaften besitzen und seinen Wohnsitz in der Gemeinde haben. Außer dieser Vertretung können die außerhalb der Gemeinde wohnenden Gemeindemitglieder, sofern sie mindestens fünf Thaler Grundsteuer von ihrer Besitzung zahlen, sich durch ein stimmberechtigtes Mitglied der Gemeinde vertreten lassen; hierzu sind auch die in § 16 erwähnten juristischen oder außerhalb des Gemeindebezirks wohnenden höchstbesteuerten Personen berechtigt.

§ 21.

[Befindet sich ein Gut, welches in die Rittergutsmatrikel eingetragen ist, im Gemeindeverbande, so ist dessen Besitzer, ohne Rücksicht auf die Dauer seiner Besitzzeit und den Ort seines Wohnsitzes, zur Ausübung des Gemeinderechts befugt; er kann sich hierbei durch Beamte, Verwalter oder Pächter dieses Gutes oder einen stimmberechtigten Eingesessenen vertreten lassen. Diese Art der Vertretung kann auch für den Besitzer eines solchen Gutes in den Fällen des § 20 außer der daselbst zugelassenen Vertretungsart stattfinden. Die Vertreter des Gutsbesitzers müssen auch die im § 15 Nr. I vorgeschriebenen Eigenschaften besitzen.] Das im § 21 erwähnte Vorrecht der Rittergüter (Rittergutsbesitzer) wird aufgehoben. (Kreisordnung § 23.)

§ 22.

Wer in Folge rechtskräftigen Erkenntnisses der bürgerlichen Ehre verlustig geworden [— § 12 des Strafgesetzbuchs —], verliert dadurch dauernd auch das Gemeinderecht — § 15 — und die Befähigung, dasselbe zu erwerben (Reichsstrafgesetzbuch § 33).

Wem durch rechtskräftiges Erkenntniß die Ausübung der bürgerlichen Ehrenrechte untersagt [— § 21 des Strafgesetzbuchs —], der ist während der dafür in dem Erkenntnisse festgesetzten [Zeit] Zeitdauer, von dem Tage berechnet, an dem die Freiheitsstrafe, neben welcher jene Aberkennung ausgesprochen wurde, verbüßt, verjährt oder erlassen ist, von der Ausübung des Gemeinderechts ausgeschlossen (Reichsstrafgesetzbuch § 36).

Ist gegen ein stimmberechtigtes Gemeindemitglied wegen eines Verbrechens [die Versetzung in den Anklagestand] oder wegen eines Vergehens, welches die Untersagung der Ausübung der bürgerlichen Ehrenrechte nach sich ziehen muß oder kann [die Verweisung an das Strafgericht ausgesprochen], das Hauptverfahren eröffnet oder die Anklageschrift Seitens der Staatsanwaltschaft eingereicht, oder ist derselbe zur gerichtlichen Haft gebracht, so ruht die Ausübung des ihm zustehenden Gemeinderechts solange, bis [die gerichtliche Untersuchung] das Strafprozeßverfahren beendigt ist (Reichsstrafgesetzbuch § 196).

Verfällt ein stimmberechtigtes Gemeindemitglied in Konkurs, so verliert es dadurch das Gemeinderecht während der Dauer des Konkursverfahrens. [Die Befähigung dasselbe wiederzuerlangen, kann ihm nach Beendigung des Konkursverfahrens von den Gemeindebehörden verliehen werden, jedoch dem Handelsmann, Schiffsrheder oder Fabrikbesitzer erst nach erfolgter Wiedereinsetzung in den vorigen Stand.] (§ 52 des Preußischen Ausführungsgesetzes zur Deutschen Konkursordnung vom 6. März 1879.)

Das Gemeinderecht geht verloren, sobald eines der zur Erlangung desselben vorgeschriebenen Erfordernisse bei dem bis dahin dazu Berechtigten nicht mehr zutrifft.

Die Gemeindevertretung, wo eine solche nicht besteht, der Gemeindevorstand, beschließt auf Beschwerden und Einsprüche, betreffend den Besitz oder den Verlust der Gemeindemitgliedschaft, sowie des Gemeindebürgerrechts, des Stimmrechts in der Gemeindeversammlung, des Rechts zur Theilnahme an den Gemeindewahlen, die Zugehörigkeit zu einer bestimmten Klasse von Stimmberechtigten, die Wählbarkeit zu einer Stelle in der Gemeindeverwaltung oder Gemeindevertretung, die Ausübung des Stimmrechts durch einen Dritten. (Zust.-G. § 27 sub 1.)

Die Beschlüsse der Gemeindevertretung, beziehungsweise des Gemeindevorstandes, bedürfen keiner Genehmigung oder Bestätigung von Seiten des Gemeindevorstandes oder der Aufsichtsbehörde. Gegen die Beschlüsse der Gemeindevertretung findet die Klage im Verwaltungsstreitverfahren statt. Die Klage steht, wenn der Beschluß von der Gemeindevertretung gefaßt ist, auch dem Gemeindevorstande sowie dem Amtmanne zu. Sie hat keine aufschiebende Wirkung (Zust.-G. § 28). Zuständig in erster Instanz ist der Kreisausschuß. Die Frist zur Anstellung der Klage beträgt zwei Wochen.

Die Gemeindeversammlung kann zur Wahrnehmung ihrer Rechte im Verwaltungsstreitverfahren einen besonderen Vertreter bestellen (Zust.-G. § 37).

§ 23.

Die Gemeinde wird in ihren Angelegenheiten durch die Gemeindeversammlung und durch den Gemeindevorsteher vertreten; der Gemeindevorsteher ist die ausführende Behörde.

§ 24.

Die Gemeindeversammlung besteht, wenn die Zahl der stimmberechtigten Gemeindemitglieder achtzehn übersteigt, aus Gemeindeverordneten, insofern bei einer größeren Zahl der stimmberechtigten Gemeindemitglieder nicht durch das Gemeindestatut die Bildung einer gewählten Gemeindevertretung ausgeschlossen wird.

§ 25.

1) Wo die Gemeindeversammlung aus sämmtlichen stimmberechtigten Gemeindemitgliedern besteht, soll den Besitzern [der im § 21 bezeichneten Güter und außerdem] aller derjenigen Güter, von denen mindestens 225 Mark Hauptgrundsteuer entrichtet wird, im Verhältnisse des Umfanges ihres Besitzthums zu dem der übrigen stimmberechtigten Gemeindemitglieder eine größere Anzahl von Stimmen nach näherer Bestimmung des Gemeindestatuts beigelegt werden. Das gleiche Vorrecht der

Rittergüter (Rittergutsbesitzer) wird aufgehoben. (Zust.=G. § 101.)

2) Wo eine Betheiligung der nicht mit einem Wohnhause angesessenen klassensteuerpflichtigen Einwohner an dem Stimmrecht stattfindet — § 15 —, darf ihnen höchstens ein Drittel der Stimmen in der Gemeindeversammlung beigelegt werden; die näheren Festsetzungen hierüber hat das Gemeindestatut zu treffen.

§ 26.

Die Gemeindeverordneten bestehen:

[a) **aus den Besitzern derjenigen im Gemeindeverbande befindlichen Güter, welche in der Rittergutsmatrikel eingetragen sind, und**]

[b)] aus sechs bis achtzehn gewählten Gemeindeverordneten, deren Wahl auf je sechs Jahre erfolgt. Die Zahl derselben in den einzelnen Gemeinden wird durch das Gemeindestatut festgesetzt.

Das Stimmrecht der Besitzer der in der Rittergutsmatrikel eingetragenen Güter in der Gemeindeversammlung ist mit Ende Dezember 1886 erloschen. (Zust.=G. § 101.)

Alle zwei Jahre scheidet ein Drittel der gewählten Gemeindeverordneten aus, die Ausscheidenden sind wieder wählbar. Die das erste und zweite Mal Ausscheidenden werden für jede Abtheilung durch das Loos bestimmt. [Außergewöhnliche Wahlen zum Ersatz innerhalb der Wahlperiode ausgeschiedener Mitglieder sind vom Amtmann anzuordnen.] Der Kreisausschuß beschließt über die Vornahme außergewöhnlicher Ersatzwahlen zur Gemeindeversammlung. (Zust. = G. § 32 sub 2.) Der Ersatzmann bleibt nur bis zum Ende der Wahlperiode in Thätigkeit, für welche der Ausgeschiedene gewählt war. [Die unter Litt. a erwähnten Gutsbesitzer können sich nach Vorschrift des § 21 vertreten lassen.]

§ 27.

Zum Behuf der Wahlen der Gemeindeverordneten werden die stimmberechtigten Gemeindemitglieder [mit Ausnahme der im § 26 unter Litt. a erwähnten Gutsbesitzer] nach Maßgabe der von ihnen zu entrichtenden Staatssteuern — Grund=, Klassen=, Einkommen= und Gewerbesteuer mit Ausschluß der Steuer für den Gewerbebetrieb im Herumziehen — und Gemeindesteuern in drei Klassen getheilt, und zwar in der Art, daß auf jede Klasse ein Drittheil der Gesammtsumme der Steuern fällt; Steuern, welche für Grundbesitz und Gewerbebetrieb in einer anderen Gemeinde entrichtet werden, kommen hierbei nicht in Berechnung.

Niemand kann zwei Klassen zugleich angehören; in die erste, beziehungsweise zweite Klasse, gehört auch derjenige, dessen Steuerbetrag nur theilweise in das erste, beziehungsweise zweite Drittel fällt. Unter mehreren einen gleichen Steuerbetrag entrichtenden Wählern entscheidet das Lebensalter und erforderlichen Falls das Loos darüber, wer von ihnen zu der höheren Abtheilung zu rechnen ist. Jede Klasse hat ein Drittel der Gemeindeverordneten zu wählen, ohne jedoch an die Wähler der Klasse gebunden zu sein.

Abweichende Bestimmungen zum Zweck fester und dauernder Abgrenzung der Wahlklassen bleiben dem Gemeindestatut vorbehalten.

§ 28.

Die Wahlen der Gemeindeverordneten erfolgen unter Leitung des Amtmannes; derselbe kann sich aber durch den Gemeindevorsteher vertreten lassen.

Die Wahlen zur regelmäßigen Ergänzung der Gemeindeverordneten finden alle zwei Jahre im November statt.

Alle Ergänzungs- oder Ersatzwahlen werden von denselben Abtheilungen vorgenommen, von denen die Ausgeschiedenen gewählt waren. Ist die Zahl der zu wählenden Gemeindeverordneten nicht durch drei theilbar, so ist, wenn nur Einer übrig bleibt, dieser von der zweiten Abtheilung zu wählen. Bleiben zwei übrig, so wählt die erste Abtheilung den einen und die dritte Abtheilung den andern.

Der Wahltermin ist vier Wochen vorher nach der in der Gemeinde gewöhnlichen Publikationsart bekannt zu machen und zugleich ein Verzeichniß der stimmberechtigten Gemeindeglieder zur Einsicht der Betheiligten auszulegen. Reclamationen gegen dasselbe machen die spätere Wahlverhandlung nur dann ungültig, wenn erst nachher eine solche Abänderung des Verzeichnisses verfügt wird, durch welche der Gewählte die absolute Stimmenmehrheit verliert.

Jeder Wähler hat dem Wahlvorsteher mündlich und vernehmlich zu Protokoll zu erklären, wem er seine Stimme geben will. Er hat so viele Personen zu bezeichnen, als zu wählen sind.

Als erwählt ist derjenige zu betrachten, welcher die absolute Stimmenmehrheit für sich hat. Wo diese absolute Mehrheit fehlt, sind von denjenigen Kandidaten, welche die meisten Stimmen für sich haben, so viele auf eine engere Wahl zu bringen, als die doppelte Zahl der noch zu Wählenden beträgt. Bei der zweiten Wahl ist die absolute Stimmenmehrheit nicht erforderlich. Bei Stimmengleichheit entscheidet das Loos.

Das Ergebniß der Wahl ist sofort bekannt zu machen; gegen das stattgehabte Wahlverfahren kann innerhalb zehn Tagen nach der Bekanntmachung bei dem Landrath Beschwerde erhoben werden; bei erheblichen Unregelmäßigkeiten hat derselbe auf erhobene Beschwerde oder von Amtswegen innerhalb weiterer vierzehn Tagen durch eine motivirte Entscheidung die Wahl für ungültig zu erklären. — Nähere oder abweichende Bestimmungen bleiben dem Gemeindestatut vorbehalten.

§ 29.

Die Zahl der aus den klassensteuerpflichtigen, mit einem Wohnhaus nicht angesessenen Einwohner (§ 15 II Nr. 3 Litt. b) zu wählenden Gemeindeverordneten darf höchstens ein Drittel der Gesammtzahl der gewählten Gemeindeverordneten betragen. Ist eine gleichmäßige Vertheilung dieser Zahl auf die einzelnen Wahlklassen nicht möglich, so erfolgt die Ausgleichung durch das Loos. Ist die Zahl der aus diesen Einwohnern Gewählten größer, so müssen diejenigen, welche die wenigsten Stimmen gehabt haben, zurücktreten.

§ 30.

Gemeindeverordnete können nicht sein:

1) diejenigen Beamten und die Mitglieder derjenigen Behörden, durch welche die Aufsicht des Staats über die Gemeinden ausgeübt wird;

2) die nicht zum Gemeindevorstande gehörenden Gemeindebeamten;
3) die richterlichen Beamten;
4) die Beamten der Staatsanwaltschaft und die Polizeibeamten, mit Ausschluß der Amtmänner;
5) Geistliche, Kirchendiener und Elementarlehrer, Vater und Sohn, sowie Brüder dürfen nicht zugleich Gemeindeverordnete derselben Gemeinde sein; sind dergleichen Verwandte zugleich gewählt, so wird der ältere allein zugelassen.

[**Die Bestimmungen dieses Paragraphen finden auf diejenigen keine Anwendung, welche nach § 26 Litt. a vermöge ihres Gutsbesitzes zu den Gemeindeverordneten gehören.**] Das Vorrecht der Rittergüter (Rittergutsbesitzer), auf welche früher die Bestimmungen dieses Paragraphen keine Anwendung fanden, ist aufgehoben. (Kreisordnung § 23.)

Die Gemeindeverordneten werden bei deren Einführung in das Amt durch Handschlag verpflichtet.

§ 31.

Der Gemeindevorsteher führt in der Gemeindeversammlung den Vorsitz mit vollem Stimmrechte, und bei Stimmengleichheit mit entscheidender Stimme. Der Amtmann kann, so oft er es für gut findet, den Vorsitz darin übernehmen; es gebührt ihm hierbei bei Stimmengleichheit die entscheidende Stimme, außerdem aber kein Stimmrecht. Derselbe ist verpflichtet, die Berathungen über den Haushaltsetat und die Rechnungen zu leiten; er hat die Hebelisten für vollstreckbar zu erklären. Ihm müssen, wenn er nicht selbst den Vorsitz in der Gemeindeversammlung geführt hat, deren Beschlüsse vor der Ausführung vorgelegt werden.

Wenn demnächst nicht innerhalb acht Tagen nach erlangter Kenntniß seitens des Amtmanns der Beschluß beanstandet (§ 37) worden, so kann die Ausführung erfolgen. Auf diejenigen Beschlüsse, für welche eine höhere Bestätigung ausdrücklich vorgeschrieben ist, findet diese Bestimmung keine Anwendung.

§ 32.

Die Gemeindeversammlung hat, ohne daß ihre Mitglieder an Instruktionen oder Aufträge gebunden sind, über alle Gemeindeangelegenheiten zu beschließen, soweit diese nicht durch das Gesetz dem Gemeindevorstande ausschließlich überwiesen sind. Ueber andere Angelegenheiten darf die Gemeindeversammlung nur dann berathen, wenn solche durch besondere gesetzliche Vorschriften oder in einzelnen Fällen durch Aufträge der Aufsichtsbehörde — § 80 — an sie gewiesen sind.

Die Gemeindeversammlung kontrollirt die Verwaltung und ist ebenso berechtigt als verpflichtet, sich von der Ausführung ihrer Beschlüsse und der Verwendung aller Geldeinahmen, sowie von der gehörigen Ausführung der Gemeindearbeiten ꝛc. Ueberzeugung zu verschaffen; sie darf aber ihre Beschlüsse niemals selbst ausführen.

Insbesondere beschließt die Gemeindeversammlung:

1) auf Beschwerden und Einsprüche, betreffend den Besitz oder den Verlust der Gemeindemitgliedschaft, sowie des Gemeindebürgerrechts, des Stimmrechts in der Gemeindeversammlung, des Rechts zur Theilnahme an den Gemeindewahlen, die Zugehörigkeit zu einer bestimmten Klasse von Stimmberechtigten, die Wählbarkeit zu einer Stelle in der Gemeindeverwaltung oder Gemeindevertretung, die Ausübung des Stimmrechts durch einen Dritten, sowie über die Richtigkeit der Gemeindewählerliste;
2) über die Gültigkeit der Wahlen zur Gemeindevertretung;
3) über die Berechtigung zur Ablehnung oder Niederlegung einer Stelle in der

Gemeindeverwaltung oder Gemeinde- vertretung, über die Nachtheile, welche gegen Angehörige (Mitglieder) der Gemeinde wegen Nichterfüllung der ihnen nach den Gemeindeverfassungs- gesetzen obliegenden Pflichten, sowie über die Strafen, welche gegen Mitglieder der Gemeindevertretung wegen Zuwiderhandlungen gegen die Geschäftsordnung oder wegen unentschuldigten Ausbleibens nach Maßgabe der Gemeindeverfassungs- gesetze zu verhängen sind.

Einsprüche gegen die Richtigkeit der Wählerliste sind während der Dauer der Auslegung der letzteren, Einsprüche gegen die Gültigkeit der Wahlen zur Gemeindevertretung innerhalb zwei Wochen nach Bekanntmachung des Wahl- ergebnisses, und in allen Fällen bei dem Gemeindevorstande anzubringen. (Zust.-G. § 27.)

Die Beschlüsse der Gemeindever- tretung bedürfen keiner Genehmigung oder Bestätigung von Seiten des Ge- meindevorstandes oder der Aufsichts- behörde.

Gegen die Beschlüsse der Gemeinde- vertretung findet die Klage im Verwaltungsstreitverfahren statt. Die Klage steht auch dem Gemeindevorstande sowie dem Amtmanne zu. Sie hat in den Fällen unter 1 und 2 keine aufschiebende Wirkung; jedoch dürfen Neuwahlen vor ergangener rechtskräftiger Entscheidung nicht vorgenommen werden. (Zust.-G. § 28.)

Zuständig in erster Instanz ist der Kreisausschuß. Die Frist zur Anstellung der Klage beträgt zwei Wochen. Die Gemeindeversammlung kann zur Wahrnehmung ihrer Rechte im Verwaltungsstreitverfahren einen besonderen Vertreter bestellen. (Zust.-G. § 37.)

§ 33.

An Verhandlungen über Rechte und Verpflichtungen der Gemeinde darf derjenige nicht Theil nehmen, dessen Interesse mit dem der Gemeinde im Widerspruch steht. Kann wegen dieser Ausschließung ein gültiger Beschluß nicht gefaßt werden, so hat [der Landrath] der Kreisausschuß (Zust.-G. § 33 sub 2) für die Wahrung des Gemeinde-Interesses zu sorgen, und nöthigenfalls einen besonderen Vertreter für die Gemeinde zu bestellen.

§ 34.

Die Gemeindeversammlung kann nur beschließen, wenn mehr als die Hälfte und wenigstens drei der gehörig eingeladenen Mitglieder mit Einschluß des Vorsitzenden zugegen sind. Eine Ausnahme hiervon findet statt, wenn die Gemeindeversammlung, zum zweiten Mal zur Verhandlung über denselben Gegenstand zusammenberufen, dennoch nicht in gehöriger Anzahl erschienen ist. Bei der zweiten Zusammenberufung muß auf diese Bestimmung ausdrücklich hingewiesen werden. In welcher Art die Einladung der Mitglieder zu der Gemeindeversammlung zu bewirken ist, wird durch Beschluß der Gemeindeversammlung unter Genehmigung [des Landraths] des Kreisausschusses (Zust.-G. § 31) bestimmt.

Die Zusammenberufung erfolgt unter Angabe der Gegenstände der Verhandlung; mit Ausnahme dringender Fälle muß dieselbe wenigstens zwei freie Tage vorher statt haben. Durch Beschluß der Gemeindeversammlung können auch regelmäßige Versammlungstage festgesetzt, es müssen jedoch auch dann die Gegenstände der Verhandlung mit Ausnahme dringender Fälle zwei freie Tage vorher der Gemeindeversammlung angezeigt werden.

Die Sitzungen dürfen nicht in Wirthshäusern oder Schenken abgehalten werden.

§ 35.

Die Beschlüsse der Gemeindeversammlung werden nach Stimmenmehrheit gefaßt. Wer nicht mitstimmt, wird zwar als anwesend betrachtet, die Stimmenmehrheit wird aber lediglich nach der Zahl der Stimmenden festgestellt.

§ 36.

Die Beschlüsse der Gemeindeversammlung und die Namen der dabei anwesend gewesenen Mitglieder sind in ein besonderes Buch einzutragen, und von dem Vorsitzenden und wenigstens einem Mitgliede zu unterzeichnen.

§ 37.

Hat die Gemeindeversammlung einen Beschluß gefaßt, welcher ihre Befugnisse überschreitet [gesetz- oder rechtswidrig ist, das Staatswohl oder das Gemeinde-Interesse verletzt] oder die Gesetze verletzt, so hat ihn der Gemeindevorsteher oder der Amtmann, entstehenden Falles auf Anweisung der Aufsichtsbehörde, mit aufschiebender Wirkung, unter Angabe der Gründe, zu beanstanden. Gegen die Verfügung des Gemeindevorstehers beziehungsweise des Amtmanns steht der Gemeindeversammlung die Klage im Verwaltungsstreitverfahren zu. (Zust.-G. § 29.)

Hat die Gemeindeversammlung einen Beschluß gefaßt, welcher das Staatswohl oder das Gemeinde-Interesse verletzt, so hat der Gemeindevorsteher oder der Amtmann von Amtswegen [oder auf Geheiß der Aufsichtsbehörde] die Ausführung einstweilen zu beanstanden und über den Gegenstand des Beschlusses die Entscheidung [der Aufsichtsbehörde] des Kreisausschusses (Zust.-G. § 33) sofort einzuholen. War der Amtmann bei der Abfassung eines solchen Beschlusses nicht anwesend, so muß er vorab eine nochmalige Berathung der Sache unter seinem Vorsitze veranlassen und eine Zurücknahme des Beschlusses versuchen.

§ 38.

Die Wahl des Vorstehers und dessen Stellvertreters erfolgt aus der Zahl der stimmberechtigten Gemeindemitglieder durch die Gemeindeversammlung auf sechs Jahre. Nach dreijähriger Dienstzeit kann der Gemeindevorsteher durch die Gemeindeversammlung auf zwölf Jahre gewählt werden. Die Wahl bedarf der Bestätigung durch den Landrath. [**Wird die Bestätigung derselben versagt, so schreitet die Gemeindeversammlung zu einer neuen Wahl; wird auch diese nicht bestätigt, so steht dem Landrathe die Ernennung des Vorstehers, resp. des Stellvertreters auf die Dauer von höchstens sechs Jahren zu. Dieses Recht steht dem Landrathe auch für den Fall zu, wenn die Gemeindeversammlung die Wahl verweigern** sollte.] Die Bestätigung der Wahl des Gemeindevorstehers und dessen Stellvertreters kann von dem Landrathe nur unter Zustimmung des Kreisausschusses versagt werden. Erhält auch die im Falle der Nichtbestätigung anzuordnende Neuwahl die Bestätigung nicht, so ernennt der Landrath unter Zustimmung des Kreisausschusses einen Stellvertreter auf so lange, bis eine erneute Wahl die Bestätigung erlangt hat. Dasselbe findet statt, wenn keine Wahl zu Stande kommt.

Der Gemeindevorsteher und dessen Stellvertreter werden von dem Landrath oder in seinem Auftrage von dem Amtmann vereidigt. (Kreisordnung § 25.)

§ 39.

Vorsteher können nicht sein:

1) die von der Staatsregierung ernannten Mitglieder der Aufsichtsbehörde;
2) Geistliche und Lehrer an öffentlichen Schulen;
3) die Mitglieder des Richterstandes und die Beamten der Staatsanwaltschaft;
4) die Polizeibeamten;
5) die zum stehenden Heere und die zu den Landwehrstämmen gehörenden Personen;

6) Personen, welche die in dem Gesetze vom 7. Februar 1835 (Ges.=Samml. S. 18) bezeichneten Gewerbe betreiben.

§ 40.

Der Gemeindevorsteher hat nur auf Entschädigung für Dienstunkosten Anspruch, welche vom [Landrath] K r e i s a u s s c h u s s e (Zust.=G. § 32 sub 4) nach Vernehmung der Gemeindeversammlung festgesetzt wird.

[Ueber Beschwerden wegen dieser Festsetzung entscheidet die Regierung nach Anhörung des Kreistages.] Dem Stellvertreter wird nur Erstattung baarer Auslagen gewährt.

§ 41.

I n B e t r e f f d e r a l l g e m e i n e n A u f s i c h t ü b e r d i e V e r w a l t u n g d e r A n g e l e g e n h e i t e n d e r L a n d g e m e i n d e n u n d G u t s b e z i r k e i s t d e r A m t m a n n d a s O r g a n d e s L a n d r a t h s, a l s V o r s i t z e n d e n d e s K r e i s a u s s c h u s s e s (Kreisordnung § 29, Landgemeinde=Ordnung § 80 und Zust.=G. § 24).

Der Gemeindevorsteher hat unter der Aufsicht des Amtmannes die Gemeindeangelegenheiten zu verwalten [und die Ortspolizei zu handhaben.] D i e V e r w a l t u n g d e r O r t s p o l i z e i s t e h t, s o w e i t s i e n i c h t g e s e t z l i c h a n d e r e n B e h ö r d e n ü b e r t r a g e n i s t, d e m

Amtmanne zu, und der Gemeindevorsteher ist dessen Organ. (Kreisordnung § 29, Abs. 2.) Letzterer ist überhaupt für alle Angelegenheiten, welche zum Geschäftskreise des Amtmanns gehören, dessen Organ und Hülfsbehörde; er ist zugleich Hülfsbeamter der [gerichtlichen Polizei] Staatsanwaltschaft und kann mit den Funktionen der [Polizeianwaltschaft] Amtsanwaltschaft beauftragt werden.

[Die Besitzer im Gemeindeverbande befindlicher, in der Rittergutsmatrikel eingetragener Rittergüter sind jedoch in Bezug auf die Polizeiaufsicht dem Amtmann unmittelbar untergeordnet. Auch in eigentlichen Kommunalsachen ist der Vorsteher zur Erlassung von Zwangsverfügungen gegen dieselben nicht befugt, sondern muß solche bei dem Amtmann in Antrag bringen.] Das hier erwähnte Vorrecht der Rittergüter — Rittergutsbesitzer — wird aufgehoben. (Kreisordnung § 23.)

Der Gemeindevorstand beschließt auf Beschwerden und Einsprüche, betreffend

1) das Recht zur Mitbenutzung der öffentlichen Gemeindeanstalten sowie zur Theilnahme an den Nutzungen und Erträgen des Gemeindevermögens,
2) die Heranziehung oder die Veranlagung zu den Gemeindelasten,

3) die besonderen Rechte oder Verpflichtungen einzelner örtlicher Theile des Gemeindebezirks oder einzelner Klassen der Gemeindeangehörigen in Ansehung der zu Nr. 1 und 2 erwähnten Ansprüche und Verbindlichkeiten.

Gegen den Beschluß findet die Klage im Verwaltungsstreitverfahren statt.

Der Entscheidung im Verwaltungsstreitverfahren unterliegen desgleichen Streitigkeiten zwischen Betheiligten über ihre in dem öffentlichen Rechte begründete Berechtigung oder Verpflichtung zu den im Absatz 1 bezeichneten Nutzungen, beziehungsweise Lasten.

Einsprüche gegen die Höhe von Gemeindezuschlägen zu den direkten Staatssteuern, welche sich gegen den Principalsatz richten, sind unzulässig.

Die Beschwerden und die Einsprüche, sowie die Klage haben keine aufschiebende Wirkung.

Die vorstehenden Bestimmungen finden sinngemäß Anwendung auf Beschwerden und Einsprüche, betreffend die Heranziehung oder die Veranlagung von Grundbesitzern und Einwohnern eines Gutsbezirks zu den öffentlichen Lasten desselben. (Zust.-G. § 34.)

§ 42.

Wo der Umfang der Gemeinde es nöthig macht, können für einzelne Theile derselben, nach Bestimmung des [Landraths] Kreis-ausschusses (Zust.-G. § 32 sub 3), Dorfs- oder Bauerschaftsvorsteher bestellt werden, welche in dem ihnen angewiesenen Bezirke wohnhaft sein müssen. Wegen der Wahl, beziehungsweise Ernennung, Bestätigung, Qualifikation und Amtsdauer derselben gelten die wegen der Gemeindevorsteher ertheilten Vorschriften (Kreisordnung § 25, Abs. 3 und Landgemeindeordnung § 38).

Die Dorfs- oder Bauerschaftsvorsteher sind Organe des Gemeindevorstehers und verpflichtet, seinen Anordnungen Folge zu leisten, ihn namentlich in den örtlichen Geschäften ihres Bezirks zu unterstützen.

§ 43.

Insoweit zum Dienste der Gemeinde Unterbeamten und Diener erforderlich sind, werden diese, wenn sie blos zu mechanischen Dienstleistungen bestimmt sind, von dem Amtmann, sonst aber von dem Landrathe ernannt.

Ueber die Würdigkeit der angestellten Personen ist die Gemeindeversammlung zuvor mit ihrer Erklärung zu hören.

§ 44.

Der Elementarerheber der direkten Steuern versieht in der Regel gegen eine besondere Remuneration die Stelle des Gemeindeeinnehmers.

Remuneration und Kaution wird für diesen Fall nach Vernehmung der Gemeindeversammlung durch [die Regierung] den Kreisausschuß festgesetzt. (Zust.-G. § 32 sub 4 und § 31, Abs. 1.)

Mit Genehmigung [der Aufsichtsbehörde] des Kreisausschusses (Zust.-G. § 31) kann für einzelne oder mehrere Gemeinden ein besonderer Gemeindeeinnehmer bestellt werden. Die Ernennung desselben erfolgt durch den Landrath, die Feststellung der Remuneration und Kaution durch den [Landrath] Kreisausschuß (Zust.-G. § 32 sub 4), nach Anhörung der gutachtlichen Vorschläge der betheiligten Gemeindeversammlungen. Die Kaution darf nicht unter dem Satze bleiben, welchen das Gesetz für die Erheber der Staatssteuern vorschreibt.

Der Gemeindeeinnehmer erhält, insofern nicht mit demselben ein Anderes verabredet worden ist, bei eintretender Dienstunfähigkeit Pension nach denselben Grundsätzen, welche bei den unmittelbaren Staatsbeamten zur Anwendung kommen. [Ueber die Pensionsansprüche entscheidet in streitigen Fällen die Regierung. Gegen den Beschluß der Regierung, soweit derselbe sich nicht auf die Thatsache der Dienstunfähigkeit oder darauf bezieht, welcher Theil des Diensteinkommens als Gehalt anzusehen sei, findet Berufung auf richterliche Entscheidung statt. Ungeachtet der Berufung sind die festgesetzten Beträge vorläufig zu zahlen.] Ueber streitige Pensionsansprüche beschließt der Kreisausschuß, und zwar, soweit der Beschluß sich darauf erstreckt, welcher Theil des Diensteinkommens bei Feststellung der Pensionsansprüche als Gehalt anzusehen ist, vorbehaltlich der den Betheiligten gegen einander zustehenden Klage im Verwaltungsstreitverfahren, im Uebrigen vorbehaltlich des ordentlichen Rechtsweges. Der Beschluß ist vorläufig vollstreckbar. (Zust.-G. § 36.)

Die Pension fällt fort, oder ruht insoweit, als der Pensionirte durch anderweitige Anstellung im Staats- oder Gemeindedienste ein Einkommen oder eine neue Pension erwirbt, welche, mit Zurechnung der ersten Pension, sein früheres Einkommen übersteigen.

§ 45.

Alle Gemeinde-Einkünfte müssen zur Gemeindekasse fließen.

§ 46.

In jeder Gemeinde wird ein Haushaltsetat von dem Gemeindevorsteher in Gemeinschaft mit dem Amtmann entworfen, durch Beschluß der Gemeindeversammlung festgestellt, dem Landrathe eingereicht, und danach der Haushalt geführt (§ 49). Der entworfene Haushaltsetat muß vor der Berathung in der Gemeindeversammlung in einem von derselben zu bestimmenden Lokale, zur Einsicht aller Einwohner der Gemeinde, vierzehn Tage lang offen gelegt werden. Die Etatsperiode darf drei Jahre nicht überschreiten.

§ 47.

Ausgaben, welche außer dem Etat zu leisten sind, bedürfen außer der Bewilligung der Gemeindeversammlung der Genehmigung des Landraths.

§ 48.

Die Jahresrechnung ist von dem Einnehmer vor dem 1. Mai des folgenden Jahres zu legen und dem Gemeindevorsteher einzureichen. Dieser hat die Rechnung gemeinschaftlich mit dem

Amtmann zu revidiren und solche mit seinen Erinnerungen und Bemerkungen der Gemeindeversammlung zur Prüfung, Feststellung und Entlastung vorzulegen. Nach erfolgter Feststellung der Rechnung wird dieselbe während vierzehn Tagen zur Einsicht der Gemeindemitglieder offen gelegt.

Dem Landrath ist sofort eine Abschrift des Feststellungsbeschlusses einzureichen.

§ 49.

Der Gemeindevorsteher hat unter Mitwirkung des Amtmanns die Einkünfte der Gemeinde zu verwalten, die auf den Etat oder besonderen Gemeinderaths-Beschlüssen beruhenden Einnahmen und Ausgaben anzuweisen und das Rechnungs- und Kassenwesen zu überwachen.

§ 50.

[Unterläßt oder verweigert eine Gemeindeversammlung, die Aufbringung der Mittel zu beschließen, welche zur Erfüllung der der Gemeinde obliegenden Leistungen nöthig sind, so hat der Landrath den Betrag derselben festzusetzen und die Gemeinde zu dessen Entrichtung nöthigenfalls im Wege administrativer Exekution anzuhalten.]

Unterläßt oder verweigert eine Landgemeinde oder ein Gutsbezirk, die ihnen gesetzlich obliegenden, von der Behörde innerhalb der Grenzen ihrer Zuständigkeit festgestellten Leistungen auf den Haushaltsetat zu bringen oder außerordentlich zu genehmigen, beziehungsweise zu erfüllen, so verfügt der Landrath, unter Anführung der Gründe, die Eintragung in den Etat, beziehungweise die Feststellung der außerordentlichen Ausgabe.

Gegen die Verfügung des Landraths steht der Gemeinde, beziehungsweise dem Besitzer des Guts die Klage bei dem Bezirksausschusse zu. (Zust.-G. § 35.)

§ 51.

Die Gemeindeversammlung beschließt über die Benutzung des Gemeindevermögens; es bleiben jedoch dabei die Vorschriften der Declaration vom 26. Juli 1847 in Betreff des nutzbaren Gemeindevermögens maßgebend.

§ 52.

In Ansehung des Vermögens von Corporationen, sowie hinsichtlich der Theilnahme der einzelnen Gemeindeglieder oder gewisser Klassen derselben oder einzelner Abtheilungen des Gemeindebezirks an den Nutzungen des Gemeinde-Vermögens und der diesem Theilnahmerechte gegenüberstehenden Lasten wird in den bestehenden Rechtsverhältnissen durch die Bestimmungen der §§ 51 und 56 nichts geändert. In Ansehung der Verwaltung und Verwendung des Vermögens der Stiftungen bewendet es bei den stiftungsmäßigen Bestimmungen.

§ 53.

Gemeindebeschlüsse über die Veräußerung oder wesentliche Veränderung von Sachen, welche einen besonderen wissenschaftlichen, historischen oder Kunstwerth haben, insbesondere von Archiven oder von Theilen derselben, unterliegen der Genehmigung des Regierungspräsidenten. (Zust.-G. § 30, Abs. 1.)

Die Genehmigung [der Regierung] des Kreisausschusses (Zust.-G. § 31) ist erforderlich:

1) zur Veräußerung, sowie zu der auf einem lästigen Titel beruhenden Erwerbung von Grundstücken, und von solchen Gerechtsamen, welche jenen gesetzlich gleichgestellt sind;

[2) zur Veräußerung oder wesentlichen Veränderung von Sachen, welche einen besonderen wissenschaftlichen, historischen oder Kunstwerth haben;]

3) zu Anleihen, durch welche die Gemeinde mit einem Schuldenbestand belastet oder der bereits vorhandene vergrößert wird;

4) zu Veränderungen in dem Genusse von Gemeindenutzungen.

Die freiwillige Veräußerung von Grundstücken darf der Regel nach nur im Wege des öffentlichen Meistgebots stattfinden.

Zur Gültigkeit des Verkaufs aber gehört:

1) Die Vorlegung eines beglaubigten Auszuges aus dem Grundsteuerkataster anstatt der Taxe;
2) eine öffentlich auszuhängende Ankündigung;
3) einmalige Bekanntmachung durch das Amtsblatt der Regierung, oder durch ein im Kreise erscheinendes Blatt;
4) eine Frist von sechs Wochen von der Bekanntmachung bis zum Verkaufstermin;
5) Abhaltung des Verkaufstermins durch eine Justizperson, den Amtmann oder den Vorsteher.

Wenn der Katastralertrag des Grundstücks nicht [2 Rthlr.] 6 Mark übersteigt, so bedarf es der unter 3 vorgeschriebenen Bekanntmachung nicht.

Bei Veräußerung von Gebäuden, welche nur nach der Grundfläche besteuert sind — § 21 des Grundsteuergesetzes vom 21. Januar 1839 —, ist, sofern sie für sich allein und nicht als Zubehör eines Gutes veräußert werden, eine Taxe aufzunehmen.

Das Ergebniß des Verkaufs ist in allen Fällen der Gemeindeversammlung mitzutheilen, und kann nur mit deren Genehmigung der Zuschlag ertheilt werden.

In besonderen Fällen kann [die Regierung] der Kreisausschuß (Zust.-G. § 31) den Verkauf aus freier Hand, sowie einen Tausch gestatten, sobald [sie] er sich überzeugt, daß der Vortheil der Gemeinde dadurch gefördert wird.

Die vorstehenden Bestimmungen finden auch auf Verkäufe von Realberechtigungen Anwendung, wobei die Aufnahme einer Taxe jedes Mal nothwendig ist.

Für die Hypothekenbehörde genügt zum Nachweise, daß der Vorschrift dieses Paragraphen genügt worden, die Bestätigung des Vertrages durch [die Regierung] den Kreisausschuß. (Zust.-G. § 31.)

§ 54.

Verpachtungen von Grundstücken und Gerechtsamen der Gemeinde müssen öffentlich an den Meistbietenden geschehen; Ausnahme hiervon sind nur mit Genehmigung des [Landraths] Kreisausschusses gestattet. (Zust.-G. § 31.)

§ 55.

Bei Verwaltungen der Gemeindewaldungen sind die Verordnung vom 24. December 1816 und die in Gemäßheit derselben erlassenen und zu erlassenden Reglements zu beachten. Hinsichtlich der Verwaltung bewendet es bei den bestehenden Bestimmungen. (Zust.-G. § 30, Abs. 2.)

§ 56.

[Durch Beschluß der Gemeindeversammlung kann die Erhebung eines Einzugsgeldes angeordnet und von dessen Entrichtung die Niederlassung in der Gemeinde — § 4 des Gesetzes vom 31. December 1842, Nr. 2317 — abhängig gemacht werden.] Die Gemeinde ist nicht befugt, von neu Anziehenden wegen des Anzugs eine Abgabe zu erheben (Freizügigkeitsgesetz § 8).

[Außerdem] Es kann von Allen, sowohl von Neuanziehenden, als von denen, welche der Gemeinde bereits angehörig sind, bei der Begründung eines selbstständigen Hausstandes eine Abgabe — Eintritts- oder Hausstandsgeld — gefordert, und von deren Entrichtung die Theilnahme an dem Gemeinderechte — § 15 — abhängig gemacht werden.

Die Theilnahme an den Gemeindenutzungen kann außerdem durch Beschluß der Gemeindeversammlung von der Entrichtung einer jährlichen Abgabe und anstatt oder neben derselben von der Entrichtung eines Einkaufsgeldes abhängig gemacht werden, durch deren Entrichtung aber die Ausübung des Gemeinderechts — § 15 — niemals bedingt wird.

Alle derartige Beschlüsse bedürfen der Genehmigung [der Regierung] des Kreisausschusses. (Zust.-G. § 31.)

Beamte, welchen in Folge dienstlicher Verpflichtung ihr Aufenthalt im Gemeindebezirk angewiesen ist, sind zur Entrichtung des Einzugsgeldes und des Hausstandsgeldes nicht verbunden.

§ 57.

Soweit die Einnahmen aus dem Gemeindevermögen nicht hinreichen, um die durch das Bedürfniß oder die Verpflichtungen der Gemeinde erforderlichen Geldmittel zu beschaffen, kann die Gemeindeversammlung die Aufbringung von Gemeindesteuern beschließen.

Diese können bestehen:

I. in Zuschlägen zu den direkten Staatssteuern, wobei folgende Bestimmungen gelten:
   1) die Steuer für den Gewerbebetrieb im Umherziehen darf nicht belastet werden;
   2) bei Zuschlägen zur Klassen- und klassifizirten Einkommensteuer muß jedenfalls das Einkommen aus dem außerhalb der Gemeinde belegenen Grundeigenthum außer Berechnung bleiben;

3) die Genehmigung [der Regierung] des Kreisausschusses (Zust.=G. § 31) ist erforderlich:
für Zuschläge zu den direkten Steuern, wenn der Zuschlag entweder fünfzig Procent der Staatssteuern übersteigen, oder nicht nach gleichen Sätzen auf diese Steuern vertheilt werden soll. Zur Freilassung oder geringeren Belastung der letzten Klassensteuerstufe bedarf es dieser Genehmigung nicht;

II. in besonderen direkten oder indirekten Gemeindesteuern, welche der Genehmigung [der Regierung] des Kreisausschusses (Zust.=G. § 31) bedürfen, wenn sie neu eingeführt, erhöht, oder in ihren Grundsätzen verändert werden sollen.

Bei besonderen Kommunal=Einkommensteuern ist jedenfalls die sub I 2 erwähnte Beschränkung maßgebend. Die bestehenden Kommunal=Einkommensteuern werden einer erneuerten Prüfung und Genehmigung [der Regierung] des Kreisausschusses (Zust.=G. § 31) unterworfen.

Soweit es sich um die Aufbringung der Gemeindeabgaben und Dienste handelt, steht aus Gründen des öffentlichen Interesses gegen den auf Beschwerde ergehenden Beschluß des Be=

zirksausschusses dem Vorsitzenden des letzteren die Einlegung der weiteren Beschwerde an die Minister des Innern und der Finanzen zu. Hierbei finden die Bestimmungen des § 123 des Gesetzes über die allgemeine Landesverwaltung vom 30. Juli 1883 Anwendung.

Die Bestätigung — Genehmigung — von Gemeindebeschlüssen und der Erlaß von Anordnungen, durch welche besondere direkte oder indirekte Gemeindesteuern neu eingeführt oder in ihren Grundsätzen verändert werden, bedürfen der Zustimmung der Minister des Innern und der Finanzen. (Zust.-G. § 31, Abs 3 und 4.)

§ 58.

Die Gemeinde kann durch Beschluß der Gemeindeversammlung zur Leistung von Diensten — Hand- und Spanndiensten — Behufs Ausführung von Gemeindearbeiten verpflichtet werden; die Dienste werden Behufs Festsetzung des Leistungsverhältnisses in Geld abgeschätzt; die Vertheilung derselben geschieht nach dem Maßstabe der Gemeindeabgaben oder in deren Ermangelung nach dem Maßstabe der direkten Steuern, insofern nicht das Gemeindestatut einen anderen Vertheilungsmaßstab anordnet, oder für einzelne Fälle [die Regierung] der Kreisausschuß (Zust.-G. § 31) Abweichungen genehmigt. Die Dienste können mit Ausnahme von Nothfällen durch taugliche Stellvertreter abgeleistet werden.

§ 59.

Alle zur Gemeinde gehörigen Einwohner sind zu den Gemeindebedürfnissen beizutragen verpflichtet; betrifft aber das Bedürfniß nur das Interesse einzelner Klassen von Gemeindegliedern oder einzelner für sich bestehender Abtheilungen des Gemeindebezirks, so leisten auch nur diese die zur Befriedigung desselben nöthigen Geldbeiträge und Dienste.

§ 60.

[Wer, ohne im Gemeindebezirk zu wohnen daselbst Grundbesitz hat oder ein stehendes Gewerbe treibt, ist verpflichtet, an denjenigen Gemeindelasten Theil zu nehmen, welche auf den Grundbesitz oder das Gewerbe oder das aus diesen Quellen fließende Einkommen gelegt sind; eine weitere Verpflichtung liegt auch denjenigen auswärts wohnenden Grundeigenthümern nicht ob, welche als Hausbesitzer zu den Gemeindegliedern gehören — § 14 Nr. 2 —. Gleiche Verpflichtung haben juristische Personen, welche im Gemeindebezirk Grundeigenthum besitzen oder ein stehendes Gewerbe treiben.] Aktiengesellschaften, Kommanditgesellschaften auf Aktien, Berggewerkschaften, eingetragene Genossenschaften, deren Geschäftsbetrieb über den Kreis ihrer Mitglieder hinausgeht, und juristische Personen, insbesondere auch Gemeinden und weitere Kommunalverbände, unterliegen in Gemeinden, in welchen sie Grundbesitz, gewerbliche Anlagen, Eisenbahnen oder Bergbau betreiben, hinsichtlich des ihnen aus diesen Quellen in der Gemeinde zufließenden Einkommens den auf das Einkommen gelegten Gemeindeabgaben. Als Besitzer von Eisenbahnen gelten diejenigen Eisenbahnaktiengesellschaften nicht, die ihr Unternehmen dem Staate gegen eine unmittelbar an die Aktionäre zu zahlende Rente übertragen haben.

Bis zur anderweiten Regelung der Heranziehung des Staatsfiscus zu den auf das Einkommen gelegten Gemeindeabgaben in Verbindung mit der Ueberweisung von Grund- und Gebäudesteuer an die Kommunalverbände unterliegt der Staatsfiscus diesen Abgaben bezüglich des Einkommens aus den von ihm betriebenen Gewerbe-, Eisenbahn- und Bergbauunternehmungen, sowie aus den Domänen und Forsten.

Der in Abs. 1 gedachten Abgabepflicht unterliegen auch physische Personen, welche in Gemeinden, ohne daselbst einen Wohnsitz zu haben, oder sich länger als drei Monate aufzuhalten, Grundbesitz, gewerbliche Anlagen, Eisenbahnen oder Bergwerke haben, Pachtungen, stehende Gewerbe, Eisenbahnen oder außerhalb einer Gewerkschaft Bergbau treiben — Forensen — (Gesetz, betreffend Ergänzung und Abänderung einiger Bestimmungen über Erhebung der auf das Einkommen gelegten direkten Kommunalabgaben vom 27. Juli 1885).

[Wo Gemeindeabgaben durch Zuschläge zur Klassen- oder klassifizirten Einkommensteuer erhoben werden, müssen alle diejenigen, welche im Gemeindebezirk sich aufhalten, um dort ihren Unterhalt zu erwerben, sobald sie daselbst eine dieser Steuern zu entrichten haben, auch die gedachten Zuschläge zahlen. Wo eine Kommunalsteuer anderer Art eingeführt ist, sind dergleichen Personen bei einem Aufenthalt von mehr als drei Monaten im Gemeindebezirke vom Ablaufe des dritten Monats an zu jener Steuer beizutragen verpflichtet.] Die Gemeinde kann neu Anziehende, gleich den übrigen Gemeindeeinwohnern, zu den Gemeindelasten heranziehen. Uebersteigt die Dauer des Aufenthalts nicht den Zeitraum von drei Monaten, so sind die neu Anziehenden diesen Lasten nicht unterworfen. (Freizügigkeitsgesetz vom 1. November 1867.

§ 61.

Die Geistlichen, Kirchendiener und Elementarschullehrer bleiben hinsichtlich ihres Dienst-Einkommens von den direkten persönlichen Gemeinde-Abgaben insoweit befreit, als ihnen diese Befreiung zur Zeit der Verkündigung der Gemeinde-Ordnung vom 11. März 1850 zustand. Geistliche und Schullehrer bleiben von allen persönlichen Gemeindediensten, soweit dieselben nicht auf ihnen gehörigen Grundstücken lasten, befreit; Kirchendiener insoweit, als ihnen diese Befreiung zur Zeit der Verkündigung der Gemeinde-Ordnung vom 11. März 1850 zustand.

§ 62.

Zu den auf den Grundbesitz oder auf das stehende Gewerbe gelegten Lasten sind auch die im § 2 erwähnten Militärpersonen verpflichtet, wenn sie im Gemeindebezirke mit Grundeigenthum angesessen sind, oder ein stehendes Gewerbe betreiben. Von anderen direkten Gemeindeabgaben und Lasten sind dieselben, mit Ausnahme der Militärärzte rücksichtlich ihres Einkommens aus einer Civilpraxis und der im

Offiziersrange stehenden Militärpersonen des Friedensstandes, welche der Heranziehung zur Klassen- oder klassifizirten Einkommensteuer unterliegen, rücksichtlich ihres außerdienstlichen selbstständigen Einkommens in Gemäßheit des Gesetzes, betreffend die Heranziehung von Militärpersonen zu Abgaben für Gemeindezwecke vom 29. Juni 1886, frei.. (Ges. vom 29. Juni 1886.)

Von Verbrauchsabgaben bleiben nur die Militär-Speiseeinrichtungen und ähnliche Anstalten in dem bisherigen Umfange befreit.

§ 63.

Alle andere, als die in den §§ 61 und 62 bezeichneten persönlichen Befreiungen sind ohne Entschädigung aufgehoben.

Wegen Besteuernng des Diensteinkommens der Beamten sind die Vorschriften des Gesetzes vom 11. Juli 1822 — Gesetz-Sammlung Seite 184 — und der Kabinetsordre vom 14. Mai 1832 — Gesetz-Sammlung Seite 145 — sowie der § 12 des Gesetzes vom 27. Juli 1885 anzuwenden.

Durch die in diesen Gesetzen bestimmten Geldbeiträge sind die Beamten zugleich von persönlichen Diensten frei. Sind sie jedoch Besitzer von Grundstücken, oder betreiben sie ein stehendes Gewerbe, so müssen sie die mit diesem Grundbesitz resp. Gewerbe verbundenen persönlichen Dienste entweder selbst, oder, für den Fall der Verhinderung, durch Stellvertreter leisten.

§ 64.

Die in dem Gesetze, betreffend die Aufhebung der Grundsteuerbefreiungen vom 24. Februar 1850 § 2 — Gesetz-Sammlung Seite 62 —, bezeichneten ertragsunfähigen oder zu einem öffentlichen Dienste oder Gebrauche bestimmten Grundstücke sind nach Maaßgabe der Kabinetsordre vom 8. Juni 1834 — Gesetz-Sammlung Seite 87 —, die Dienstgrundstücke der Geistlichen, Kirchendiener und Elementarschullehrer aber überhaupt von den Gemeindeauflagen befreit.

[Denjenigen Staatswaldungen, welche seither von den nach dem Grundsteuerfuße vertheilten Gemeindelasten befreit gewesen sind, verbleibt fernerhin diese Befreiung.] Bis zur anderweiten Regelung der Heranziehung des Staatsfiskus zu den auf das Einkommen gelegten Gemeindeabgaben in Verbindung mit der Ueberweisung von Grund- und Gebäudesteuer an die Kommunalverbände unterliegt der Staatsfiscus diesen Abgaben bezüglich des Einkommens aus den Domänen und Forsten. (Gesetz vom 27. Juli 1885.)

Dagegen bleibt auch das Regulativ vom 17. November 1841 wegen Heranziehung der Staatswaldungen zum Wegebau fortbestehen.

Zeitweilige Befreiungen von Gemeindeabgaben und Leistungen für neu bebaute Grundstücke sind unzulässig.

Alle nicht persönliche Befreiungen, mit Ausnahme der vorstehend erwähnten, können von den Gemeinden abgelöst werden und hören auf, wenn die Entschädigung festgestellt und bezahlt ist; bis dahin bestehen dieselben in ihrem bisherigen Umfange fort, erstrecken sich jedoch nur auf den gewöhnlichen Zustand, nicht auf außerordentliche Leistungen.

Die Befreiungen und der Anspruch auf Entschädigung erlöschen, wenn sie in Gemeinden, wo die Gemeinde-Ordnung vom 11. März 1850 bereits eingeführt ist, nicht binnen Jahresfrist nach deren Einführung bei dem Gemeindevorstande angemeldet sind, und in andern Gemeinden nicht binnen Jahresfrist nach Verkündigung der gegenwärtigen Gemeinde-Ordnung bei demselben angemeldet werden.

Die Entschädigung wird zum zwanzigfachen Betrage des Jahreswerths der Befreiung nach dem Durchschnitte der letzten zehn Jahre vor Verkündigung der gegenwärtigen Ordnung geleistet; steht ein anderer Enschädigungs-Maaßstab durch speciellen Rechtstitel fest, so hat es hierbei sein Bewenden.

Der Entschädigungsbetrag wird durch Schiedsrichter mit Ausschluß der ordentlichen Rechtsmittel festgestellt; von diesen wird der eine von dem Besitzer des bisher befreiten Grundstücks, der andere von der Gemeindeversammlung ernannt; der Obmann ist, wenn sich die Schiedsrichter über dessen Ernennung nicht verständigen können, von der Aufsichtsbehörde zu ernennen.

§ 65.

Urkunden, durch welche die Gemeinde verpflichtet werden soll, ingleichen Prozeßvollmachten, müssen von dem Amtmann und dem Gemeinde-Vorsteher vollzogen werden. Die Genehmigung der Aufsichts-Behörden ist in denjenigen Fällen, in welchen solche gesetzlich nothwendig ist, in beglaubter Form beizufügen. Ist der Amtmann zugleich Gemeinde-Vorsteher, so muß statt des letzteren der Stellvertreter unterzeichnen.

§ 66.

Bei städtischen Gemeinden (§ 1) treten folgende besondere Bestimmungen ein:

1) Die auswärts wohnenden Hausbesitzer werden nicht zu den Gemeinde-Mitgliedern, sondern zu den Forensen gerechnet.

Das Gemeinde- (Bürger-) Recht kann nicht durch Stellvertretung ausgeübt werden;

doch finden auch hier wegen der juristischen und auswärts wohnenden höchstbesteuerten Personen der § 8 der Städte-Ordnung und die auf denselben bezüglichen Bestimmungen im § 25 daselbst Anwendung.

2) Die Stadtgemeinde wird überall durch eine Gemeinde- (Stadt-) Verordneten-Versammlung vertreten, und muß mindestens die Hälfte der Mitglieder aus Hausbesitzern bestehen.

3) bei Bildung der Klassen zum Behuf der Wahl der Gemeinde- (Stadt-) Verordneten (§ 27) sind auch die juristischen und auswärts wohnenden höchstbesteuerten Personen (Nr. 1) nach Maßgabe der von ihnen zu entrichtenden Steuern, welche der Gesammtsumme der Steuern der Bürger beizurechnen, zu berücksichtigen.

4) Für einzelne Stadttheile können nach Vorschrift des § 42 Bezirksvorsteher (Rott- oder Viertelmeister) bestellt werden.

5) Bei Anstellung der zum Dienste der Stadt erforderlichen Unterbeamten und Diener sind die Vorschriften wegen der zur Civilversorgung berechtigten Militärpersonen zu beachten.

§ 67.

Die Besitzer der den Gemeinden gleichgestellten Güter — § 3 — sind für den Bereich derselben, gleich den Gemeinden, zu allen Pflichten und Leistungen verbunden, welche den Gemeinden nach den Gesetzen obliegen. Der Besitzer eines solchen Guts hat die Verpflichtung, die Amtsverrichtungen des Gemeindevorstehers ohne Entschädigung für Dienstunkosten zu besorgen; er ist jedoch befugt, für Abwesenheits- und Verhinderungsfälle einen Stellvertreter auf seine Kosten zu bestellen, welcher dem Landrath zur Genehmigung präsentirt und auf dessen Verlangen, wenn es im Dienstinteresse nöthig befunden wird, wieder entlassen werden muß. Der Gutsbesitzer muß einen solchen Stellvertreter bestellen, wenn er die gedachten Amtsverrichtungen selbst wahrzunehmen nicht im Stande oder geeignet ist.

Der Gutsbesitzer, beziehungsweise der Stellvertreter, wird in seiner Eigenschaft als Gutsvorsteher von dem Landrathe bestätigt. Die Bestätigung kann unter Zustimmung des Kreisausschusses versagt werden. Der Gutsvorsteher wird vor seinem Amtsantritte von dem Landrathe vereidigt.

Unterläßt der Besitzer des Gutes in den im letzten Satze des § 67 angegebenen Fällen, oder wenn ihm die Bestätignng als Gutsvorsteher versagt worden ist, die Bestellung eines Stellvertreters, oder befindet er sich im Konkurse, oder befindet er sich nicht im Besitze der bürgerlichen Ehrenrechte, so steht dem Landrathe unter Zustimmung des Kreisausschusses die Ernennung des Stellvertreters auf Kosten des Besitzers zu.

Der Kreisausschuß beschließt auf Antrag der Betheiligten über die Remuneration stellvertretender Gutsvorsteher (Kreisordnung § 26, Abs. 1, 2 u. 3).

§ 68.

|Diejenigen Lasten, welche im öffentlichen Interesse nach § 67 den gedachten Gütern obliegen, sind von dem Gutsbesitzer, und auf Feststellung des Landraths nach Anhörung der Betheiligten und des Kreistags antheilig auch von den übrigen selbstständigen Einwohnern des Guts zu tragen.| Die Vertheilung der den sebstständigen Gutsbezirken im öffentlichen Interesse obliegenden Lasten auf den Gutsbesitzer und die übrigen Einwohner erfolgt durch ein Statut, welches der Bestätigung des Kreisausschusses nach Maßgabe des § 31 des Gesetzes über die Zuständigkeit der Verwaltungs- und Verwaltungsgerichtsbehörden vom 1. August 1883 bedarf. (Kreisordnung § 26, Abs. 4.)

§ 69.

Für jeden Amtsbezirk (§ 4) wird ohne Unterschied, ob derselbe aus einer oder mehreren Gemeinden besteht, ein Amtmann und mindestens ein Stellvertreter (Beigeordneter) desselben bestellt. — Den Beigeordneten steht es zu, den Amtsversammlungen ohne Stimmrecht beizuwohnen.

In Aemtern, welche aus mehreren Gemeinden bestehen, kann der Amtmann zugleich Vorsteher der Gemeinde sein, in welcher er wohnt.

§ 70.

Die Stelle des Amtmanns ist [**als ein Ehrenamt, mit welchem nur eine feste Entschädigung für Dienstunkosten verbunden ist, einem angesehenen und vorzugsweise aus den größeren Grundbesitzern auszuwählenden Eingesessenen zu übertragen**] ein Ehrenamt, welches einem angesehenen und vorzugsweise aus den größeren Grundbesitzern auszuwählenden Amtseingesessenen übertragen werden soll. Ein Amtmann mit Besoldung soll nur angestellt werden, wenn ein geeigneter Ehrenamtmann nicht zu gewinnen ist. Den Amtmann ernennt auf Grund der Vorschläge des Kreisausschusses, welche dieser nach Anhörung der Amtsversammlung zu machen hat, der Oberpräsident. Falls der Oberpräsident den sämmtlichen Vorschlägen des Kreisausschusses keine Folge geben will, so bedarf es hierzu der Zustimmung des Provinzialrathes. Lehnt der Provinzialrath die Zustimmung ab, so kann dieselbe auf den Antrag des Oberpräsidenten durch den Minister des Innern ergänzt werden. Die kommissarische Verwaltung des Amts wird von dem Oberpräsidenten angeordnet (Kreisordnung §27, Abs. 1) [Die Uebertragung erfolgt nach Anhörnng der gutachtlichen Aeußerung des Landraths und der Regierung durch eine auf Befehl des Königs von dem Minister des Innern zu vollziehende Ernennungs-Urkunde.]

Ueber die Festsetzung der Dienstunkostenentschädigung der Ehrenamtmänner beschließt der Kreisausschuß nach Anhörung der Amtsversammlung (§ 32 Nr. 4 des Gesetzes über die Zuständigkeit der Verwaltungs- und Verwaltungsgerichtsbehörden vom 1. August 1883).

Die nach § 36 des letzteren Gesetzes dem Landrathe, in der Beschwerdeinstanz dem Regierungspräsidenten zustehende Befugniß zur Verhängung von Ordnungsstrafen gegen die Amtmänner wird bezüglich der Ehrenamtmänner dem Kreisausschuß, in der Beschwerdeinstanz dem Bezirksausschuß übertragen. (Kreisordnung § 27, Abs. 2 und 3.)

§ 71.

[Wo kein angesehener Eingesessener — § 70 — jeweilig sich findet, welcher die Stelle des Amtmanns als ein unentgeltlich zu verwaltendes Ehrenamt zu übernehmen geeignet und bereit ist, ist ein Amtmann mit Gehalt anzustellen.] Ein Amtmann mit Besoldung soll nur angestellt werden, wenn ein geeigneter Ehrenamtmann nicht zu gewinnen ist. (Kreisordnung § 27.) Derselbe wird vom [Regierungspräsidenten] Oberpräsidenten auf Grund der Vorschläge des Kreisausschusses, welche dieser nach Anhörung der Amtsversammlung zu machen hat, ernannt. Falls der Oberpräsident den sämmtlichen Vorschlägen des Kreisausschusses keine Folge geben will, so bedarf es hierzu der Zustimmung des Provinzialrathes. Lehnt der Provinzialrath die Zustimmung ab, so kann dieselbe auf den Antrag des Oberpräsidenten durch den Minister des Innern ergänzt werden. Die kommissarische Verwaltung des

Amts wird von dem Oberpräsidenten angeordnet. (Kreisordnung § 27.)

Zu der Stelle eines besoldeten Amtmanns soll, der Regel nach, keiner definitiv ernannt werden, welcher sich nicht zu derselben bereits durch eine kommissarische Verwaltung des Amts als tüchtig bewährt hat; eine solche kommissarische Verwaltung darf in der Regel die Dauer eines Jahres nicht überschreiten. Die Amtsversammlung und der Landrath müssen vor jeder Ernennung mit ihrer Aeußerung gehört werden.

[Das Gehalt des Amtmanns wird nach gutachtlicher Vernehmung der Amtsversammlung und des Landraths von der Regierung festgesetzt.] Ueber die Festsetzung der Besoldung der Amtmänner beschließt der Kreisausschuß nach Anhörung der Amtsversammlung. — § 32 Nr. 4 des Zust.-G. — (Kreisordnung § 27.)

[Die Beigeordneten werden in allen Fällen von dem Regierungspräsidenten ernannt, nachdem darüber die Amtsversammlung und der Landrath mit ihrer Aeußerung gehört worden sind.] In Betreff der Beigeordneten finden die wegen Vorschlag und Ernennung der Amtmänner geltenden Bestimmungen entsprechende Anwendung. (Kreisordnung § 27, Abs. 4.)

§ 72.

Den mit Gehalt definitiv angestellten Amtmännern sind bei eintretender Dienstunfähigkeit von den Aemtern Pensionen nach denselben Grundsätzen zu gewähren, welche bei den unmittelbaren Staatsbeamten zur Anwendung kommen. Im Falle der Pensionirung der besoldeten Beamten der Amtsverbände und Landgemeinden kommt bei der Berechnung der Dienstzeit auch die Zeit in Anrechnung, während welcher der zu pensionirende Beamte bei andern Amtsverbänden oder Landgemeinden der Provinz angestellt gewesen ist.

Die Amtsverbände und Landgemeinden der Provinz werden zu einem Kassenverbande vereinigt, welchem es obliegt, den in Ruhestand versetzten besoldeten Beamten der Amtsverbände und Landgemeinden die ihnen zustehenden Pensionen zu zahlen.

Die zur Bestreitung der Pensionszahlungen erforderlchen Beiträge werden von den Amtsverbänden und Landgemeinden nach Verhältniß des jeweiligen Betrages des pensionsberechtigten Diensteinkommens der Beamten aufgebracht.

Die Pensionskasse wird durch Organe des Provinzialverbandes unter Aufsicht des Provinzialausschusses verwaltet. Im Uebrigen werden die Verhältnisse der Kasse durch ein nach Anhörung des Provinziallandtags von dem Minister des Innern zu erlassendes Regulativ geordnet. (Kreisordnung § 28).

[Ueber die Pensionsansprüche der Amtmänner entscheidet in streitigen Fällen die Regierung. Gegen den Beschluß der Regierung, soweit derselbe sich nicht auf die Thatsache der Dienstunfähigkeit oder darauf bezieht, welcher Theil des Diensteinkommens als Gehalt anzusehen sei, findet die Berufung auf richterliche Entscheidung statt.] Ueber streitige Pensionsansprüche der Amtmänner beschließt der Kreisausschuß, und zwar, soweit der Beschluß sich darauf erstreckt, welcher Theil des Diensteinkommens bei Feststellung der Pensionsansprüche als Gehalt anzusehen ist, vorbehaltlich der den Betheiligten gegen einander zustehenden Klage im Verwaltungsstreitverfahren, im Uebrigen vorbehaltlich des ordentlichen Rechtsweges. Der Beschluß ist vorläufig vollstreckbar. (Zust.-G. § 36). [Ungeachtet der Berufung sind die festgesetzten Beträge vorläufig zu zahlen.]

Die Pension fällt fort, oder ruht insoweit, als der Pensionirte durch anderweite Anstellung im Staats- oder Gemeindedienste ein Einkommen oder eine neue Pension erwirbt, welche, mit Zurechnung der ersten Pension, sein früheres Einkommen übersteigen.

§ 73.

Wegen der zum Dienste des Amts erforderlichen Unterbeamten und Diener und wegen des Amtseinnehmers finden die resp. Bestimmungen der §§ 43 und 44 Anwendung.

§ 74.

Dem Amtmann liegt ob:

Die Verwaltung der Amts-Kommunalangelegenheiten und der Polizei im Amtsbezirke; [**die Beaufsichtignng der Angelegenheiten der zum Amte gehörenden Gemeinden, insbesondere ihres Etats- und Rechnungswesens**] sowie der öffentlichen Angelegenheiten der den Gemeinden gleichgestellten Güter;

alle örtliche Geschäfte in Landesangelegenheiten, soweit hierzu nicht besondere Behörden bestellt sind.

Der Amtmann ist in Betreff der allgemeinen Aufsicht über die Verwaltung der Angelegenheiten der Landgemeinden und Gutsbezirke das Organ des Landraths, als Vorsitzenden des Kreisausschusses — § 24 des Zust.-G. vom 1. Aug. 1883 — (Kreisordnung § 29). Der Amtmann ist zugleich Hülfsbeamter der [gerichtlichen Polizei] Staatsanwaltschaft und kann mit den Funktionen der [Polizeianwaltschaft] Amtsanwaltschaft beauftragt werden.

§ 75.

Das Amt wird in seinen Kommunalangelegenheiten — § 5 — durch die Amtsversammlung vertreten. Diese ist in denjenigen Aemtern, welche nur aus einer Gemeinde bestehen, von der Gemeindeversammlung nicht verschieden; in den übrigen Aemtern, welche nicht nur aus einer Gemeinde bestehen, wird sie gebildet:

1) aus den Vorstehern der zum [Amte gehörenden Gemeinden] Amtsverbande gehörigen Gemeinden und selbstständigen Gutsbezirke;

[2) aus den Besitzern der zu einer Stimme auf dem Kreistage berechtigten Güter ohne Unterschied, ob diese Güter für sich bestehende, den Gemeinden gleichgestellte Besitzungen sind, oder im Gemeindeverbande sich befinden]; und

[3] 2) aus gewählten Amtsverordneten, von denen aus jeder Gemeinde mindestens Einer von der Gemeindeversammlung zu wählen ist.

[Die näheren Bestimmungen hierüber bleiben mit besonderer Rücksicht auf die Einwohnerzahl und Steuerkraft dem Amtsstatut vorbehalten.] Die Zahl der aus den Gemeinden zu wählenden Mitglieder der Amtsversammlung und der den Vorstehern selbstständiger Gutsbezirke in der Amtsversammlung einzuräumenden Stimmen ist mit besonderer Rücksicht auf die Einwohnerzahl und Steuerkraft durch das Amtsstatut festzusetzen. Wegen der Verpflichtung, die Stelle eines gewählten Amtsverordneten zu übernehmen und mindestens drei Jahre lang zu versehen, kommt § 78 zur Anwendung (Kreisordnung § 24).

§ 76.

Der Amtmann ist stimmberechtigter Vorsitzender der Amtsversammlung; Alles das, was vorstehend in Betreff der Gemeindeversammlung und deren Beschlüsse bestimmt worden ist (§§ 31—37, 50, 51, 53—55), gilt auch von der Amtsversammlung. Ebenso finden hinsichtlich der Amtseinkünfte, des Etats- und Rechnungswesens der Aemter, sowie hinsichtlich der Urkunden, welche das Amt verpflichten sollen, imgleichen der Prozeßvollmachten, die dieserhalb für die Gemeinden ertheilten Vorschriften Anwendung, hinsichtlich der gedachten Urkunden, imgleichen der Prozeßvollmachten aber mit der Maßgabe, daß dieselben von dem Amtmann und dessen Beigeordneten, oder statt des letzteren von einem Mitgliede der Amtsversammlung vollzogen werden müssen (§§ 45 bis 49 und 65).

§ 77.

Die einzelnen Gemeinden und selbstständigen Güter tragen, falls sie sich nicht über einen bestimmten Maßstab einigen, nach dem Verhältniß der direkten Staatssteuern, ausschließlich der Steuer für den Gewerbebetrieb im Umherziehen, zu den gemeinschaftlichen Bedürfnissen des Amtes bei.

Die Beiträge, welche von den Gemeinden zu leisten sind, sollen nicht auf die einzelnen Gemeindemitglieder, sondern auf die Gemeinden, und in diesen nach deren Verfassung auf die Einzelnen, vertheilt werden.

§ 78.

Ein jedes stimmfähige Gemeindemitglied ist verpflichtet, eine unbesoldete Stelle in der Gemeindeverwaltung oder Vertretung anzunehmen, sowie eine angenommene mindestens drei Jahre lang zu versehen.

Zur Ablehnung oder zur früheren Niederlegung einer solchen Stelle berechtigen, worüber die Gemeindeversammlung zu beschließen hat (Zust.-G. § 27 sub 3), nur folgende Entschuldigungsgründe:

1) anhaltende Krankheit;
2) Geschäfte, die eine häufige oder langdauernde Abwesenheit mit sich bringen;
3) ein Alter über sechszig Jahre;
4) die früher stattgehabte Verwaltung einer unbesoldeten Stelle für die nächsten drei Jahre;
5) die Verwaltung eines anderen öffentlichen Amtes;
6) ärztliche oder wundärztliche Praxis;
7) sonstige besondere Verhältnisse, welche nach dem Ermessen der Gemeindeversammlung eine gültige Entschuldigung begründen.

Wer sich ohne einen dieser Entschuldigungsgründe weigert, eine unbesoldete Stelle in der Gemeindeverwaltung oder Vertretung anzunehmen, oder die noch nicht drei Jahre lang versehene Stelle ferner zu versehen, sowie derjenige, welcher sich der Verwaltung solcher Stellen thatsächlich entzieht, kann durch Beschluß der Gemeindeversammlung auf 3—6 Jahre der Ausübung des Gemeinderechts verlustig erklärt und um ein Achtel bis ein Viertel stärker zu den direkten Gemeindeabgaben herangezogen werden. |**Dieser Beschluß bedarf der**

Bestätigung der Aufsichtsbehörde.] Dieser Beschluß bedarf keiner Genehmigung und Bestätigung von Seiten des Gemeindevorstandes oder der Aufsichtsbehörde. Gegen den Beschluß findet die Klage im Verwaltungsstreitverfahren statt. Die Klage steht auch dem Gemeindevorstande sowie dem Amtmanne zu (Zust.-G. § 28).

Zuständig in erster Instanz ist der Kreisausschuß. Die Frist zur Anstellung der Klage beträgt zwei Wochen. Die Gemeindeversammlung kann zur Wahrnehmung ihrer Rechte im Verwaltungsstreitverfahren einen besonderen Vertreter bestellen (Zust.-G. § 37).

§ 79.

Wer eine das Gemeinderecht voraussetzende Stelle in der Verwaltung oder Vertretung der Gemeinde oder des Amts bekleidet, scheidet aus derselben aus, wenn er des Gemeinderechts verlustig geht; im Falle des ruhenden Gemeinderechts tritt die Suspension ein (§ 22).

§ 80.

[**Die Aufsicht des Staates über die Gemeinde, über die öffentlichen Angelegenheiten der den Gemeinden gleichgestellten Güter und über die Aemter wird, sofern nicht durch die Vorschriften dieses Ge-**

setzes ein Anderes ausdrücklich bestimmt ist, in erster Instanz von dem Landrathe und in zweiter Instanz von der Regierung ausgeübt.] Die Aufsicht des Staates über die Verwaltung der Angelegenheiten der Landgemeinden, der Aemter, sowie der Gutsbezirke wird, unbeschadet der Vorschriften der Kreisordnung und der in den Gesetzen geordneten Mitwirkung des Kreisausschusses und des Bezirksausschusses, in erster Instanz von dem Landrathe als Vorsitzenden des Kreisausschusses, in höherer und letzter Instanz von dem Regierungspräsidenten geübt. (Zust.-G. § 24.)

Der Landrath ist, wenn er es in besonderen Fällen für nöthig findet, befugt, in der Gemeinde- und Amtsversammlung den Vorsitz, jedoch ohne Stimmrecht, zu übernehmen, imgleichen die Einberufung einer solchen Versammlung anzuordnen.

Zur Gemeindeversammlung dieser Art muß der Amtmann eingeladen werden.

Für alle dem Amtmann obliegenden Geschäfte, mit Ausnahme der im letzten Alinea des § 74 gedachten, ist der Landrath dessen unmittelbarer Dienst-Vorgesetzter.

§ 81.

Gegen die Entscheidung der Gemeinde- und Amtsbehörden findet der Rekurs an den Landrath, gegen die Entscheidung des Landraths der Rekurs an [die Regierung] den Regierungspräsidenten [und gegen die Entscheidung der Regierung der Rekurs an den Oberpräsidenten] statt (Zust.-G. § 24).

Der Rekurs muß in allen Instanzen binnen einer Präklusivfrist von [vier Wochen] zwei Wochen nach erfolgter Zustellung oder Bekanntmachung der Entscheidung eingelegt werden, sofern nicht für einzelne Fälle durch besondere gesetzliche Vorschrift eine andere Frist bestimmt ist (Zust.-G. § 24, Abs. 2).

Der Kreisausschuß beschließt jedoch an Stelle der Aufsichtsbehörde:

1) über die Feststellung und den Ersatz der bei Kassen und anderen Verwaltungen der Landgemeinden vorkommenden Defekte nach Maßgabe der Verordnung vom 24. Januar 1844. Der Beschluß ist vorbehaltlich des ordentlichen Rechtsweges endgültig (Zust.-G. § 32 sub 5).
2) über die Art der gerichtlichen Zwangsvollstreckungen wegen Geldforderungen gegen Landgemeinden — § 15 zu 4 des Einführungsgesetzes zur deutschen Civilprozeßordnung vom 30. Januar 1877 — (Zust.-G. § 33 sub 4).

§ 82.

Durch Königliche Verordnung auf den Antrag des Staatsministeriums kann eine Gemeindeversammlung, sofern diese nicht aus sämmtlichen stimmberechtigten Gemeindemitgliedern besteht, oder eine Amtsversammlung aufgelöst werden. Es ist sodann eine Neuwahl anzuordnen und muß dieselbe binnen sechs Monaten, vom Tage der Auflösungsverordnung an, erfolgen. Dieser Neuwahl unterliegen, im Falle der Auflösung einer Amtsversammlung, nur die § 75 sub 3 gedachten Mitglieder.

Bis zur Einführung der neugewählten Mitglieder der Gemeinde- oder Amtsversammlung [sind deren Verrichtungen durch besondere, von dem Ministerium des Innern zu bestellende Kommissarien zu besorgen] beschließt der Kreisausschuß an Stelle der aufgelösten Gemeindevertretung (Zust.-G. § 33 sub 3).

§ 83.

In Betreff der Dienstvergehen der Amtmänner, Gemeindevorsteher und Stellvertreter, sowie der sonstigen Amts- und Gemeindebeamten und Diener kommen die darauf bezüglichen Gesetze mit der Maßgabe zur Anwendung, daß der Amtmann befugt ist, die Unterbeamten des Amts sowie der Gemeinden mit Ordnungsstrafen bis zu [drei Thalern], neun Mark und die blos zu mechanischen Dienstleistungen angestellten Diener mit Arreststrafen bis zu drei Tagen zu belegen. Bezüglich der Dienstvergehen der Gemeindevorsteher, Schöffen und sonstigen Gemeindebeamten, sowie der Gutsvorsteher kommen die Bestimmungen des Gesetzes vom 21. Juli 1852 mit folgenden Maßgaben zur Anwendung:

1) die Befugniß, gegen die Gemeindevorsteher und besoldete Amtmänner, Schöffen und sonstige Gemeindebeamten, sowie gegen Gutsvorsteher Ordnungsstrafen zu verhängen, steht dem Landrathe, und im Umfange des den Provinzialbehörden beigelegten Ordnungsstrafrechts dem Regierungspräsidenten zu.

Gegen die Strafverfügungen des Landraths findet innerhalb zwei Wochen die Beschwerde an den Regierungspräsidenten, gegen die Strafverfügungen des Regierungspräsidenten innerhalb gleicher Frist die Beschwerde an den Oberpräsidenten statt.

Die Befugniß zur Verhängung von Ordnungsstrafen gegen die Ehrenamtmänner wird dem Kreisausschuß, in der Beschwerdeinstanz dem Bezirksausschuß übertragen. — cfr. Kreisordnung, § 27, Abs. 3. —

2) Gegen die von dem Amtmann gegen Unterbeamte der Gemeinden und Aemter erlassenen Strafverfügungen findet innerhalb zwei Wochen die Beschwerde an den Landrath und gegen den auf die Beschwerde ergehenden Beschluß des Landraths innerhalb zwei Wochen die Beschwerde an den Regierungspräsidenten statt.

3) Gegen den auf die Beschwerde in den Fällen zu 1 und 2 in letzter Instanz ergehenden Beschluß des Regierungspräsidenten, beziehungsweise des Oberpräsidenten findet innerhalb zwei Wochen die Klage bei dem Oberverwaltungsgerichte statt.

4) In dem Verfahren auf Entfernung aus dem Amte wird die Einleitung des Verfahrens von dem Landrathe oder von dem Regierungspräsidenten verfügt, und von denselben der Untersuchungskommissar und der Vertreter der Staatsanwaltschaft ernannt. Als entscheidende

Disziplinarbehörde erster Instanz tritt an die Stelle der Bezirks-regierung der Kreisausschuß; an die Stelle des Staatsministeriums tritt das Oberverwaltungsgericht. Der Vertreter bei dem Oberver-waltungsgerichte wird von dem Minister des Innern ernannt.

In dem vorstehend zu 4 vorge-sehenen Verfahren ist entstehenden Falles auch über die Thatsache der Dienstunfähigkeit der ländlichen Gemeindebeamten Entscheidung zu treffen (Zust.-G. § 36).

§ 84.

Die gegenwärtige Landgemeinde-Ordnung tritt sogleich nach ihrer Verkündigung in Kraft und an die Stelle der Gemeinde-Ordnung vom 11. März 1850, beziehungsweise der Land-gemeinde-Ordnung vom 31. Oktober 1841.

1) Wo die Gemeinde-Ordnung vom 11. März 1850 bereits eingeführt ist, bleiben die auf Grund derselben gebildeten Sammtgemeinden als Aemter bestehen, auch die gewählten Bürgermeister, Beigeordneten, Gemeinde-Vorsteher und Schöffen, sowie alle andere besoldete und unbesoldete Gemeindebeamten, ingleichen die Mitglieder des Gemeinderaths

der Sammtgemeinden (Aemter) und derjenigen Einzelngemeinden, welche durch Gemeinde-Verordnete zu vertreten sind, in ihren Stellen bis zum Ablaufe der Periode, für welche sie gewählt worden sind, und behalten, soweit sie eine besoldete Stelle bekleiden, ihre bisherigen Besoldungen und Pensionsansprüche. Hierbei nehmen die jetzigen Mitglieder des Gemeinderaths der Sammtgemeinde die Stelle des gewählten Amtsverordneten und die jetzigen Mitglieder des Gemeinderaths der gedachten Einzelgemeinden die Stelle der gewählten Gemeinde-Verordneten ein, und es treten zur Bildung der Amtsversammlung die im § 75 Nr. 1 und 2, und zur Bildung der Gemeindeverordneten-Versammlung die im § 26 Litt. a bezeichneten Mitglieder hinzu. — Der jetzige Gemeinderath bleibt auch da, wo nach § 24 die Gemeindeversammlung aus sämmtlichen stimmberechtigten Gemeindemitgliedern zu bilden ist, bis zu der durch das Amtsblatt zu bewirkenden Bekanntmachung der dieserhalb von dem Oberpräsidenten erlassenen Entscheidung in Wirksamkeit und hat bis dahin die Gemeinde nach den Vorschriften der gegenwärtigen Landgemeinde-Ordnung zu vertreten; doch sollen dem Gemeinderathe die im § 2

Litt. a bezeichneten Gutsbesitzer sofort mit Stimmrecht hinzutreten.

2) Wo die Gemeinde-Ordnung vom 11. März 1850 noch nicht eingeführt ist und die Landgemeinde-Ordnung vom 31. Oktober 1841 noch in Wirksamkeit sich befindet, wird alles, was zur Einführung der ersteren geschehen ist, hierdurch außer Kraft gesetzt und bleiben die bisherigen Aemter, vorbehaltlich der sich als nothwendig ergebenden Veränderungen (§ 7) bestehen; desgleichen die bisherigen Amtmänner, Gemeinde-Vorsteher, Beigeordnete und anderen besoldeten und unbesoldeten Gemeinde-Beamten ihrer Anstellung gemäß, sowie die auf Grund der Landgemeinde-Ordnung vom 31. Oktober 1841 gewählten Amts- und Gemeinde-Verordneten bis zum Ablauf der Periode, für welche sie gewählt worden sind, in ihren Stellen.

§ 85.

Die Verhältnisse der vormals unmittelbaren Deutschen Reichsstände in Beziehung auf die in ihren vormaligen reichsunmittelbaren Gebieten befindlichen Gemeinden und Aemter bleiben besonderer Regulirung durch Königliche Verordnung vorbehalten.

§ 86.

Die zur Ausführung des gegenwärtigen Gesetzes erforderlichen Bestimmungen werden, soweit sie nicht schon in dem Gesetz selbst enthalten sind, durch den Minister des Innern getroffen.

Druck von Paul Schettler's Erben in Cöthen.

Schettler's Erben, Cöthen.

FSC
www.fsc.org
MIX
Papier | Fördert gute Waldnutzung
FSC® C083411

Kolibri 360 GmbH
Ferdinand-Jühlke-Straße 7
99095 Erfurt, Deutschland
produktsicherheit@kolibri360.de